后浪

内向者
沟通圣经

Jennifer Kahnweiler

[美] 珍妮弗·康维勒 —— 著

魏瑞莉 —— 译

The Introverted
Leader

序 言

内向者的逆袭之道

每次做MBTI职业性格测试,我在内向倾向方面的得分都很高。作为一个内向的人,我可以在独处时获得能量。如果不得不长时间跟一大群不认识的人待在一起,我就会感觉筋疲力尽、疲于应付。而且,就像本书中所写的,与人交往的疲惫感还是有害的。在经历社交场合之后,包括漫长的一天工作之后,我都需要独处的安静时间,来思考、回忆一天的经历,并且重新获得动力。

但是作为拥有将近两万名员工的金宝汤公司的首席执行官,我发现自己面对相当大的挑战,因为我的工作内容大部分都需要"去外面"应对他人。不仅如此,我还面对着在公司利润急剧下降时力挽狂澜的挑战,而且刻不容缓。在我任职期间,我们成功地完成了全球领导团队的重大改造,投资组合的重新配置以及成本缩减,并对金宝汤的产品、营销规划、创新生产线和基础设施进行了战略性投资。最终的成果是,公司成功跻身全球食品行业一流企业,实现了持续的股东回报。

如今，作为柯南特领导力公司的创始人兼首席执行官，我的工作职责跟内向更不沾边了。为了协助促进21世纪领导力的提升和发展，我经常站在一屋子人面前，悉心讲解，他们如何才能像我一样成为自己公司的卓越领导者。也许有人会问，像我这样的内向者，是怎样实现这个目标的？这是个好问题。

如果我说我这辈子从来没有渴望过变得更外向，那就是在说谎，可是外向不是我的天性。在我快50岁时，我开始意识到，我能做到的就是向我的工作伙伴坦白一个简单的事实——我很害羞。我知道了人们并不会读心术，我得告诉他们我在想什么，我有什么样的感受。最终我形成了一个简单的谈话形式，被亲切地称为"道格拉斯入职培训"。在谈话时，我会告诉对方我的主要性格特点，以及我这么做的目的。我会在新员工刚入职时就进行这场谈话。这么做是为了让我的所有同事都清楚地了解我是谁，我来自哪里，以及我期望他们每个人为了成功要做什么。我发现向别人"宣告"我很内向并不困难，这帮我免去了为了适应他人的风格而忍受扭曲误解的痛苦过程。我这么做已经十多年了，也的确受益良多，它帮助我建立了良好的人际关系，而且效果远胜于其他人在初次合作时的客套寒暄。

我发现你需要有意识地付出努力，才能增强你的技能组合。曾经有一次，美国饼干食品制造商纳贝斯克公司的首席执行官邀请我出任销售总裁。我当时的回答是："你是在跟我开玩笑吧！首先，我很内向；其次，我不会打高尔夫。"当然，最终我还是接受了那个职位。我不得不从舒适领域跨出了好多步，就像珍妮弗在本书中提到的4P法中的

"推动"。从情感上来说，那是我做过的最有挑战性的工作，但是我得直面挑战，迎难而上。正因为有了那次挑战，我才能成长为一个高效领导者，同时也为后来出任首席执行官奠定了基础。

《内向者沟通圣经》这本书尊重并赞赏内向者带来的影响力，并且为内向者提供了一个能够取得成果的过程。珍妮弗从数千名成功的内向型领导者那里收集整理出的真实经验充分验证了她的4P法（准备（Preparation）、展示（Presence）、推动（Push）、练习（Practice））是有效的。这个过程为内向者提供了应对多种挑战场景的有效方法，小到公共演讲、人际交往，大到管理世界500强企业，统统包揽。

无论是内向者还是外向者都能从本书中受益。毫无疑问所有类型的组织和企业中都有内向者。你绝对不能忽视这个为公司做贡献的群体。很多人都以为领导者就是那些开朗外向、引人注目、富有魅力的人。我觉得这种看法太过狭隘片面。你可能会发现你的企业内部就有不少内向者，而且他们中的一些人天生就拥有领导能力。现代领导者面对的重大挑战，就是超越表面现象，充分开启所有同事的内在潜能。有时候，外向者也许会更快地晋升到领导者职位，但是对我们内向者来说，一切都在于我们按照自己的节奏去努力，终有一天，会绽放我们所有的光彩。内向者绝对能够成为影响力超群的领导者，这样的优秀范例比比皆是。

本书为你展示了如何在工作场合增加自己的认知度和影响力。如果你是个外向者，你会更好地理解和感激你的内向者同事做出的贡献。如果你是个内向者，你会获得对安静力量的领悟并学会实际操作步骤。

最终，这本书教给我们所有人最重要的一点，是拥抱和全面衡量你自己，从而尽全力做出最大的贡献。这本书将教会你如何做到这一点。

道格拉斯·柯南特

金宝汤公司前董事长兼首席执行官

柯南特领导力公司首席执行官

前　言
内向性格是可以管理的

当你们无法与自身的思想和平共处，你们开始说话；当你们无法继续栖身于心灵的孤寂，你们将转而栖息于唇舌，而声音成为一种娱乐与消遣。

——纪伯伦

有人说，如果工作不涉及人，就会非常精彩。谁不会时不时冒出这样的想法呢？不过，要想在工作场合取得胜利，依靠个人学识远远不够，人际关系也同样重要。如果你是外向者，可能会对能够建立人际关系的互动热情十足。然而，在我们这个外向型主导的商业文化中，如果你是个性格比较安静的内向者，可能会感觉被排斥、忽略或者误解。你的沉默寡言可能会被误解为犹豫不决、傲慢无礼，甚至是不够聪明。或许你还会因为不善处理人际关系而导致事业停滞不前。你会错过工作中良好的人际关系带来的好处。你的公司也会失去优秀人才和专业技能。

不过，还是有好消息的。内向性格是可以管理的，你可以在保持安静、喜欢思考的同时，适应一个推崇"外向"和舞台展示的文化。本书将为你展示数百万人是如何做到这一点的。

这本书适合谁

你是不是胸怀抱负的企业中层，需要引领他人提高业绩，实现目标？可能你是项目负责人，也可能你作为普通员工，希望承担更多的责任和挑战；如果你从事技术、科研或财务工作，很有可能你的性格更为文静，也可能你不曾像你的销售部、管理部的同伴们一样接受过系统的人际关系处理技能培训；也许作为一名女性，在你的工作领域男性占据着主导地位；也可能作为一名公司员工，你的意见总是得不到重视。

你可能经常觉得自己内向。内向性格有不同的等级，有些情况下，即使"话痨"也会失语，不知道如何应对令人不适的人际关系。作为一名经理，不论是管人还是管项目，你的团队里一定会有内向者。本书会教你学会理解他们、指导他们，引导他们为组织发挥最大的能力。

我的背景介绍

我承认，我是个超级外向的人，总是会大声说出自己的想法。而且在阅读本书的过程中，很多人可能会在某个部分觉得我简直"太疯狂了"。所以，你可能会问，这个讲起话来"滔滔不绝"的人怎么会理解内向者的世界呢？请允许我分享一下我的背景。

我从事企业咨询、演讲、培训工作已经超过25年。我为来自各类企业的数千名领导者提供培训、咨询服务，我发现那些内向型客户对我在本书中提到的工具的反应相当好。很多人在后续反馈时都提供了具体案例，证明他们使用这些技巧为他们自己和企业取得了实际效果。我追求的正是效果。

作为为《美国退休人士协会会刊》(AARP The Magazine)、人力资源协会和《亚特兰大宪法日报》(Atlanta Journal Constitution)撰稿的职场专栏作家，我对成功领导者做过广泛的调查研究，其中包括很多内向型领导者。另外，读者的评论和提问也让我对内向型领导者面临的挑战和成功之路有了更深刻的了解。

再加上最后一点，在与一位内向型领导者35年的婚姻生活中，我对内向者充满了理解和钦佩。我学会了欣赏我的丈夫——比尔的安静性格和生活态度。从这个不同的视角，我学到了很多安静思考的价值。

本书创作

汤姆是同事引荐给我的。他是一位二十多岁的经理，对我的研究很感兴趣。他提的一条建议我始终牢记在心："不要听那些大嗓门的人说的话，他们总希望你变得跟他们一样，那是因为他们根本就不了解你是什么样的，对吗？励志演讲是一个价值数十亿美元的行业，主要靠一群自信外向的人给别人洗脑，让他们相信做自己是错的。应该向那些战胜过内向性格困扰的人请教经验。"我决定听从他的建议，随后亲自采访了来自多个行业的100多位内向者。有些采访基于事先准备的问题提纲,有些则无非是在客户公司走廊里或者在飞机上与邻座的闲聊。

带着记者的视角,我列席了各种团队会议、学术研讨、培训课程,寻找内向型领导者掌控局面的实际例子。我记录在笔记本上的观察结果最终汇聚成了本书。

我发现在社交网站上发布特定的问题也能收到很多回复。很多人喜欢跟我书面沟通,他们提出了丰富多样的建议。本书也参考了活跃在本行业前沿的学术和商业思想家们的独特观点。

全书概述

本书将来自上述各种渠道的信息按照可实践操作的结构进行了组织编排。

第1章 内向者的四大致命陷阱 列举了当你任凭自己被无效的内向行为所统治时所面对的挑战。你将会了解到压力,你眼中的自己远逊于别人眼中的你,不懂经营"关系",职业发展将受阻,和成为职场隐身人是怎样严重阻碍你成功获得领导能力的。

第2章 解锁成功之道,把拦路石变成垫脚石:4P法 描述了一套打破现状、有效管理内向性格的明确实用的方法。4P法就像一套导航地图,帮助你制定策略,全方位增强领导能力。你还能学到如何使用4P法这个工具,分析哪些行为是有效的,哪些行为是无效的,从而不断提升自己的能力。在这一章你将学到以下四点:(1)"准备"意味着你要有一套作战方案，按步骤为人际交往做好准备；（2）"展示"意味着你要完全活在当下，也就是"此刻所在的地方"；（3）"推动"意味着你要主动承担风险，强迫自己离开舒适区域；（4）"练习"意味着你要持续不断地将这些有效果的行为内化为自身能力的一部分。

第3章 内向者，唤醒你心中的狮子 其中包括一个"内向型领导能力测试"，这个测试能够帮助你识别哪些是自己已经掌握的内向型领导技能。它还能协助你瞄准自己需要加强的技能领域，从而集中火力去弥补这些不足。除此之外，这个测试还可以作为一个基准，用来衡量你的进步，也可以当作你寻求上司指导时谈话的跳板。

第4章到第9章分别介绍了如何使用4P法来应对各种典型的工作场景。各种各样的工具、实际案例和实用技巧将会向你展示具体的做法。

第4章 告别公共演讲恐惧症 将会教你如何掌握向群体和个人演讲的技巧。

第5章 内向者如何做领导 分享了很多成功的内向型领导者的秘诀，帮助你赢得下属的尊重。

第6章 内向者如何做好项目管理 侧重于项目管理中的人力资源管理方面，你将会了解到内向型领导者如何激励团队取得惊人的成果。

第7章 上司是用来管理的 将会为你提供模板和工具，用于增强你和上司之间的联系。

第8章 不做会议隐形人 将会教你使用各种方法在会议上表达自己的观点，从而将你的会议参与度提升到一个全新的高度。

第9章　内向者如何建立自己的人脉网　强调公司内部和外部的人际交往，跟前面数章一样，你将会学到如何合理利用你的内向特征，高度集中、富有创造性地发展这项重要的领导技能。

第10章　提升内向者的竞争力，只需4步　讲述了如果你能打造自己的强项，走出角落，你自己和你的企业将会得到的各种益处。

第11章　下一步走向成功　侧重于接下来的行动，学会调整自己的行为绝对不能一蹴而就，而是一个循序渐进的过程，就像一瓶美酒，随着时间流逝变得越发醇厚芬芳。你将会得到一份发展计划来帮助你专注于现在和将来的行动，从而适应你不断扩展的领导者职责。

除了阅读本书，我还建议你浏览网站www.theintrovertedleaderblog.com。在那里你可以下载到相关资源，并与内向领导者联盟的成员建立联系，获取更多精彩信息。

引 言
什么是内向型领导者

你是否曾经感觉外向者得到了他们要求的所有东西,而你的需求却被置之不理……甚至被无视?

你是否为商业交际感到身心疲惫?

你是否觉得你在开会时的发言得不到重视?

你是否拒绝过演讲或采访的邀请?

如果你的回答是肯定的,那么你可能是个内向者,而且你并不孤单。很多受人敬仰的企业高管,比如比尔·盖茨、沃伦·巴菲特、钟彬娴,都是天生的内向者。其他的知名领导者,如特蕾莎修女、亚伯拉罕·林肯、马丁·路德·金,都是别人眼中的内向者。已故的凯瑟琳·格蕾厄姆是内向者,很有可能美国现任总统贝拉克·奥巴马也是内向者。这个名单可以列到无限长。

一个不为人知的秘密是,与这些举世闻名的成功内向人士一样,这个世界上还有数以百万计的内向者，他们会因人际交往而感到强烈的不适和压力。这并不是因为他们有什么问题。内向者更注重内心世界，而他们必须去适应外向的、以人际交往为主要驱动力的世界。据估计，有50%的美国人、40%的企业高管是内向者，你绝不是孤单的一个人。然而，要想成为一名有影响力的领导者，你有责任与员工、客户和同事建立联系，而且与其他成功的内向型领导者一样，你需要探索成功的方法。

内向性格与外向性格概述

关于内向和外向，没有一种能够明确区分二者的定义。不过用一些通用的性格倾向来描述会更清楚一些。如果还没有通过MBTI职业性格测试来确定你的偏好，你可以在线进行搜索，应该能够找到很多相关的资源来帮助你判断。

表1　典型性格特征

外向型性格	内向型性格
喜欢与人相处，通过与人相处获取能量	通过独处获取能量
靠与其他人互动来"充电"	与其他人互动之后需要时间来"充电"
先说后想	先想后说
说出自己的想法	在心里思考自己的想法
充满激情	含蓄内敛
心思简单，容易理解——就像貂皮大衣	表情不易外露——就像羊毛棉袄
随意与朋友和陌生人分享自己的个人信息	只与限定的人分享自己的个人信息
喜欢口头交流多过书面	喜欢书面交流多过口头
注重广度	注重深度

不过，我发现大部分人是在看到一些典型性格特征时，才意识到自己的内向性格的。让我们一起看看表1中的哪一栏跟你的相似之处更多些。

如果你在表格的两栏之间摇摆不定，也没有关系。你可以问自己一个问题："如果在接下来的人生中必须选择一种性格倾向，我更愿意是哪种？"有些人在某些情况下比较内向，在特定的场景中，他们会表现出内向性格的倾向。据说就连奥普拉·温弗瑞在第一次见到纳尔逊·曼德拉时也舌头打结，说不出话来！

内向不同于害羞。害羞是害怕和社交焦虑造成的。尽管二者有一些类似的表现（比如说，回避公众演讲），内向是一种偏好，不应该被看成是个问题。

内向者能成为领导者吗？

当然可以，内向者可以成为非常成功的领导者。我对领导者的定义很宽泛。如果你认识到你是需要通过与人协作才能取得成就的人，那么你就是个领导者；如果你不满足于现状，想要优化流程，带来不同，那么你就是个领导者；如果你想要帮助他人，那么你就是个领导者。我把如何定义领导者的问题留给你自己。领导者必须确保工作完成，同时他们也需要通过变更规划、指导他人、与别人合作来取得成果。

下面是一个内向型领导者的有力实证。吉姆·柯林斯（Jim Collins）的《从优秀到卓越》（Good to Great）已经成为一部商业经典。在研究成功企业的特性时，吉姆·柯林斯发现，这些企业在过渡时期都拥有一位展现了被他称为"第五级"性格特征的领导者。他们表现出对结果的专注力，与此同时，也许有些矛盾的是，他们每个人都保持着谦虚谨慎的态度。他们表现出"引人注目的谦虚，不喜欢出风头，低调沉稳"，这些特点和情商表现都非常符合内向型领导者的特征。

在《首席信息官》（CIO）杂志刊登的一份研究报告表明，高级主管们认为，缺少共情能力是现代领导者失败的一个重要原因。这些结论与情商专家丹尼尔·戈尔曼（Daniel Goleman）的研究结果是一致的。他发现最优秀的老板都拥有较高的社交商水平。这种水平与对人际关系的关注度和专注力紧密相关。那些拥有较高社交商的人能够与他人建立联系，并且能够对团队成员的表现产生重大影响。

领导者如何管理他们的内向性格化劣势为优势，扭转乾坤

在这些年为成功商业管理人士所做的咨询中，我发现他们对自己的内向性格毫不避讳。实际上，他们会就这个话题谈上很久，就像还从来没人问过他的这个"秘密"一样。他们对待自己的内向性格就像对待其他富有挑战的商业问题一样，尝试去理解哪些行为有效果，哪些没有。然后他们会制定出策略，并去执行这个计划。

成功的内向型领导者其实是把别人眼中的弱点转化成了优势。一位受人敬重的经理收到了"太过低调"的反馈意见。在之后的高级经理的新职位上，他一改以往悠闲随和的形象，表现出了实力。他非常擅长展现冷静自信的形象——轻松、惬意和自信的感觉，他将这种感觉成功地传达给了身边的人。

另外一位领导者把她对群体社交场合的不屑转化成机会，采用不同的方式向团队展示她的洞察力。她特别重视和偏好一对一的谈话形式。通过这种方式，她加深了对团队的每一位成员的了解，并且确立了明确的沟通渠道和成员们对她的信任。

这些领导者找到了创造性的适应方式。在各种风格的工作场合，以一对一或者以团队的形式，与客户和同事进行持续的交流沟通，这一切都会产生效果，并且最终成为决定你能否成为一名受人敬重、值得信赖的领导、同事和员工的分水岭。

虽然绝对不是一个好榜样，但是电影《穿普拉达的女王》中的恐怖女魔头米兰达·普利斯特利在电影中用到的一个技巧，对她的工作有很大帮助。她的两名助理负责帮她记住出席宴会的所有宾客的名字、长相以及其他细节，然后在她跟宾客面对面交谈时，在她耳边小声提示这些信息。

我采访过的一位首席执行官说，他与下属开会时克服焦虑的办法是认真做笔记，当时他并没有想到，几个月之后当他需要相关信息时，这些笔记能够带来那么大的帮助。

沉默的力量可以成为你的另外一项优势。很多人在对话出现沉默时会觉得不自在，为了填补空白，就会即兴发表一些评论，然而内向者的评论往往经过更多的深思熟虑。惠普旗下EDS公司负责全球商务流程外包的副总裁希德·米尔斯坦告诉我，你可以向同事和上司传达一种你的想法是经过深思熟虑的感觉，因为你"在开口说话之前认真考虑了事实和问题"。

在内心平静时，内向者能够获取更深刻的智慧。他们会慎重地选择正确的措辞。我认识的一位培训过很多高级总裁的培训专家说，这些擅长思考的总裁们一旦开口，说出的话都分量十足。佛罗里达州总裁协会董事长兼首席执行官朱迪·格雷说："所有安静却高效的领导者们都应该得到认可和赞扬。充满激情、活力十足、富有魅力的领导者虽然一开始总能够抢先赢得人心，但是他们的这些性格特点本身并不能带来持续的发展或者有意义的改变。"一位能力出众、精明能干、于常青藤名校毕业的精英曾经在数年前告诉她："一个房间里权力最大的人话最少。"

停顿和思考还能帮助内向型领导者避免说错话。我采访过的一位在政界工作的人士对自己能够管住嘴巴不乱说话感到非常庆幸。在他工作的地方，说错一个字都会让他丢掉工作。

如果你是个内向者，你也会有更多的时间去观察和理解别人。一位高级项目经理玛丽·托兰德擅长指导项目团队中那些从不引人注目的员工，为团队增强实力。她能够理解内向的潜在领导者们，并且从现实的视角指点他们如何在企业中升职并获得成功。现在玛丽正在把这些知识分享给别人。

本书将会向你展示现在或者将来可以用来改变你的领导方式的多种方法。就像通过玩数独游戏或者学习一门新语言能够激发大脑能力一样，你也可以采用一些实用有效的工具来打造你的安静的力量。下一章将会详细介绍在朝着优秀内向型领导者前进的道路上，你可能会遇到的实际挑战。

目 录

序言　内向者的逆袭之道　1
前言　内向性格是可以管理的　5
引言　什么是内向型领导者　11

1　内向者的四大致命陷阱　1
2　解锁成功之道，把拦路石变成垫脚石：4P法　17
3　内向者，唤醒你心中的狮子　27
4　告别公众演讲恐惧症　35
5　内向者如何做领导　53
6　内向者如何做好项目管理　77
7　上司是用来管理的　95
8　不做会议隐形人　111
9　内向者如何建立自己的人脉网　127
10　提升内向者的竞争力，只需4步　145
11　下一步走向成功　161

致谢　167
出版后记　170

1

内向者的四大致命陷阱
Four Key Challenges

"做青蛙不容易啊。"《大青蛙布偶秀》(The Muppet Show)中的科米蛙说,这里也可以把"青蛙"换成"内向的人"。也许在单独作业的工作中时你一直都做得顺风顺水,但是一旦决定拓展职业发展,或者被组织委派更多的职责时,内向的你可能会发现人生开始变得复杂。

让我们来看看职场上的内向者将会面对的主要挑战。

挑战

了解内向性格在职场上给你带来的挑战,能够帮助你找出需要改变的行为。如果发现原来的旧方法带来的麻烦太多,我们就会做出调整。当你开车遇到路障时,只能绕到另一条路。同样的,工作上遇到的这些障碍也会启发我们做出改变。我遇到的多位内向型客户在谈到下面这四类常见的挑战时,都会变得情绪低落。将他们所经历的问题归纳命名,通常会带给他们做出改变的动力。让我们来看看内向型领导者在工作中会遇到的四类主要挑战。它们是:(1)压力;(2)你眼里的自己远逊于别人眼中的你；（3）不懂经营"关系"，职业发展将受阻；（4）成为职场隐形人。

1. 压力

不懂说"不"，超负荷工作；过度紧张引发身体不适；社交让内向者身心俱疲，这些都是内向者在工作场合可能会遇到的负面问题。下面是一些具体例子。

不懂说"不"，超负荷工作

我认识一位叫马迪的女性，她毕业后找到了一份美差，在一家大型医疗保健机构担任会计专员。她十分期待能够学以致用，提升自己。"蜜月期"的几个星期过去后，经理对她的工作非常满意。不幸的是，又过了几个星期后，情况完全不同了。马迪早上6点半就来上班，晚上7点以后才能下班。这样的时间安排让她与男朋友以及其他朋友都产生了一些小摩擦。

这段时间内发生了什么？马迪被安排参与了几个项目的工作，于是大家都知道了她很能干。当一个又一个项目甩过来时，她没有拒绝。因为担心别人会以为她没有能力或者不愿意合作，马迪让自己陷入了一堆项目和最后期限的海洋。最终，她勉强完成了所有任务。她的领导并不知道她接下的这些任务，不然他就可以早点儿制止这位急于成长的员工了。

你是不是对工作任务难以说"不"？对内向者来说，缺乏应对社交场合的自信不仅会影响他们的行为表现，更会损害他们的身体健康。

带来问题的并不是压力本身（压力始终都在），而是我们面对压力的反应。马迪没能设置底线，也没有向她的领导寻求帮助，导致她的工作与生活失去平衡，而且愈演愈烈。

过度紧张引发身体不适

在最近的一次研讨会上，与我交谈的两位内向型男士都承认，当他们在会议上被要求发言时，就会口吃。在更为轻松的环境中，比如说课堂上，他们都没有这个问题，但是在工作场合，他们的舌头就会打结。他们的例子说明，精神和身体极有可能与压力存在某些联系。头疼、腹痛以及后背不适等症状也跟压力反应有关。就连内向者与别人相处时的尴尬感觉也会带来问题。如果在情绪沮丧低落时，强行压抑内心的感受，就很有可能导致这些身体上的不适。

社交让内向者身心俱疲

内向型领导者还有一个常见的问题，就是如果不得不长时间待在人多的地方，他们会非常疲惫。在来到社交场合之前，他们就会感到虚弱和不安，但又只能咬紧牙关忍受着这些不适。我的一位内向型同事曾经提前一天离开一个会议，因为她受够了周围有"那么多人，而且他们都那么能说"。另外一位内向型同事给我讲过一个笑话，说有一位内向的经理宁可在家看一本以前看过的并不好看的书，也不愿意去参加可怕的鸡尾酒会。

能断定你是内向者的一个特征是，跟别人相处一段时间之后，你需要时间来恢复精力、舒缓压力。约翰·格雷（John Gray）博士在著作《男人来自火星，女人来自金星：职场篇》(*Mars and Venus in the*

Workplace）中用"山洞"来比喻男人撤退时的避难所，在这里他可以暂时逃离来自女性的压力。很多内向者告诉我，当他们被外向者包围时，他们非常需要通过类似的逃离来缓解内心的极度疲惫。

对此我也有一些同感。最近我去了一个海滩享受悠闲的度假时光，然而酒店的一位客人让我体验到了这种压力。刚开始聊天时，我觉得这个人还不错。但是接下来的45分钟里，他一直在喋喋不休，我几次想打断他插句话都没有成功，我感到很累，一点儿也听不进去他的话。我相信内向者每天都会有这种感受。

有时候，突如其来的事情也会带来压力。保罗·奥特是IBM公司的软件项目经理，有超过15年的工作经验。他说当别人要求他立刻答复，而他并没有答案时，就会感到有压力。他描述说那时的感觉就像"光着身子"。他最担心的就是被他称为"狙击手"的人，他们会用深奥难懂的数据来让他难堪。

逼着自己去承担备受关注的领导工作也会带来压力。希德·米尔斯坦对外展示的是一个外向、健谈、忙碌的领导者形象。但他也觉得角色扮演，而不是讨论问题，会带来精神上的疲惫。希德告诉我："可能会表现为头痛，需要独处来思考'刚才我做了什么'。跟做完运动之后的疲惫感没有什么不同……当然在接下来的工作中，我还得克制这种感觉，不让任何人发现，而这又给我带来了更大的压力。"调整自己的行为来适应环境会随着时间的推移变得越来越容易，但是这永远都不会成为他们自然的一面。内向型人士必须持续不断地感知自我，这需要非常多的精力。

2. 你眼里的自己远逊于别人眼中的你

我们以为的别人对我们的看法与他们的真实看法之间总是存在落差。你应该听过这句话："感知即现实。"索姆·哈特曼（Thom Hartman）在其著作《破解代码》（Cracking the Code）中写道："沟通的意义就在于你所得到的回应。"内向型专业人员应该明白，他们意图表达的信息与实际传递的信息之间会出现偏差，了解这种偏差产生的原因及其后果会对他们的工作有所帮助。你不想说话，别人却以为你愚蠢孤僻；你爱倾听，别人却以为你优柔寡断；你只想安静，别人却以为你懦弱。这些都是内向型领导者可能会面对的一些负面形象。让我们进一步了解一下这几方面。

你不想说话，别人却以为你愚蠢孤僻

内向的人并不想给别人留下消极的印象。然而，他们与更为外向的人在一起时，经常会给人留下这样的印象。他们希望在工作环境中显得与外向的人一样有能力、有自信，但是在实际合作过程中却常常事与愿违。他们的沉默寡言可能会让别人以为他们不合群、粗鲁、迟钝，甚至是没有礼貌。这会导致其他人忍不住开口询问："你怎么了？"可实际上内向者并没有感觉到任何不正常。乔纳森·劳奇（Jonathon Rauch）在《大西洋月刊》发表过一篇题为《关爱你的内向》的精彩文章。他提到内向者经常被人问到"你还好吗"，还会被人指责太过严肃认真。他接下来用下面这段话讨论了内向者与外向者之间的断层现象："外向者几乎完全不了解内向者。他们以为所有人都会希望有人陪伴，尤其

是他们的陪伴。他们无法想象为什么有人会想要一个人待着，实际上他们在听到对方想要独处的暗示时经常会感到很生气。尽管我多次试着向外向者解释这种情况，但我觉得他们从来没有一个人真正理解我的意思。他们听了一会儿，就会继续大声抱怨。在一段人际关系的初期，人们对彼此的印象就已经形成。虽然内向者无意表现得爱生气、难以取悦，人们却经常会对他们产生这样的印象。不幸的是，这种印象还会一直保留。"

自我表达也会导致其他人的误解。公共广播电台的一个广播节目《心灵无限》在最近的一期节目中把害羞作为主题。尽管害羞与缺乏自信、焦虑有关，而不同于内向，但是下面这些评论还是与内向相关的。其中一位受访者谈到了人们对她与众不同的嗓音的评价："突然间，我知道他们注意到了我的一些特点。我想这就是被关注的感觉。就像人们对你的印象是错误的。因为你表面表现出来的与内心不太一样，人们并没有真正地了解你。虽然你的内心无比坚强，很有自知之明，也非常聪明……可是就因为你表现得有些内向或者胆怯，人们就会以为你是一个笨手笨脚、尖声尖气的蠢姑娘。"

在内向者不说话时，其他人会产生恶意的猜度，并把它强加到这些安静的人身上。一位内向者发现他所在的IT团队的其他成员以为他在密谋什么，并且在背后操纵他们的老板。为什么呢？仅仅是因为他在会议上不怎么发言。办公室政治由此变得更为丑陋，而且从这种错误认知引发的误解还会不断加深。

你爱倾听，别人却以为你优柔寡断

另外一个误解就是认为内向者缺乏快速思考的能力。如果他们不能马上分享自己的想法，就会被视为没有参与出谋划策。担任一家食品服务分销公司信息技术副总裁的马丁·施米德勒分享了代表很多内向者心声的观点："我喜欢倾听，习惯在听取了所有的事实和不同观点之后，再消化处理这些信息。"他接着说，很多情况下，深思熟虑之后再提出自己的观点会被别人当作反应迟钝、拖延，甚至是优柔寡断，而最后这一点往往是领导者应该避免的。喜欢先倾听别人意见的人被视为思维不够敏捷，这是很多企业文化的一大缺点。不过，马丁在采用了本章稍后介绍的一些精心设计的步骤之后，成功地消除了这些误解。

你只想安静，别人却以为你懦弱

安静的人也会被认为气场太弱，没有存在感，如果他们身边的很多领导者都更为强势的话，就更是如此。在其他人耍手段争夺职位时，如果内向者不奋起反击，他们拘谨的性格就很容易被人利用。到最后，你可能会被分配到你并没有选择的角色和职责，就像前面提到的马迪一样，不得不承担超出自己职责的工作任务。除非你更加坚定地表明自己的主张，否则这种模式会延续下去，到时候你因为太过安静，就很难被别人看成是一个强有力的领导者了。

3. 不懂经营"关系"，职业发展将受阻

要激励人们干劲十足，达到目标，不仅仅需要技术或专业方面的

能力。在你担任领导者职位时，人际交往能力非常关键。如果你为公司打拼江山并且拓宽人际关系，你在公司内部以及所在行业的发展机会都会更加广阔。内向者如果不注意人际关系与专业能力的平衡，就会不可避免地遇上职业发展的障碍。这些以前所说的"软技能"现在已经成为竞争力的核心。因此，近年来企业才会大量投资于专业人士的培训和指导，领导力发展培训项目也如雨后春笋般出现。影响职业发展的障碍主要体现在以下几个方面：不会自我营销，只能靠边站；没有人脉，永远只能是一个小角色；回避办公室政治，你将错过关键信息；埋头苦干，没有效率也没有未来。

不会自我营销，只能靠边站

人们对你和你的成就的了解程度左右着你的职业发展。美国南部有句俗语："别把自己吹上天。"换句话说，就是做人要谦虚。然而，这句话并不适用于职场。你不能指望别人都有读心术，因此如果你不把自己的成就表现出来，你的事业就会停滞不前。你还会错过其他的机会，包括升职、任务委派，以及开拓新业务的机会。希德·米尔斯坦说："外向者也许轻易就能为自己争取到聚光灯下的机会，我却只能等待电话响起。"

如果你不谈起自己所做过的成就，人们就无从了解你的能力或者潜力。因此，如果你不"把自己吹上天"，在变化无常的职场上，你就会错过很多富有挑战的工作和项目机会。

当项目领导者寻找能够担当重任的合适人选时，你不在他们的雷达搜索范围之内。这也会对你的职业发展带来严重影响。没能好好推销自己是我采访过的很多内向人士经常感慨万千的遗憾。

没有人脉，永远只能是一个小角色

老话说得好，"关键不在于你掌握的信息，而在于你掌握的人脉。"这句话如今依然适用。玛丽·托兰德说，在她的职业早期曾经错过一个发展人脉的机会，这对她的职业发展有非常大的影响。直到后来，她才意识到跟老板聊聊家庭、体育等话题是很有用的。在她所处的公司文化中，与他人建立关系对职业发展极为重要。

人们会聘用他们认识和信赖的人。我加入了一个不提倡在活动中交换名片的组织，成员通过在社区项目中一起合作来实现互相了解。通过这种真实的互动，你们可以确定是否想跟对方进行商务合作。如今，这个组织的一些成员（其中有不少内向者）已经成为我的私人顾问团的关键成员。

如果你犹豫不决，不愿迈出安全区域，无法在职场内外扩展你的人脉关系，你就永远无法建立起良好的关系网络，更无法成为企业和职场上不可或缺的重要人物。

回避办公室政治，你将错过关键信息

大部分人都把办公室政治看成一个负面的、龌龊的游戏。八卦、谣言、讽刺和背后插刀都是其中的组成部分。对内向者来说，保持低调可以让他们更加专注、更加高产，尤其是在危急时刻。不过，很多办公室政治是中性的，并没有那么消极。

办公室政治（好的那种）也相当于在银行里储存政治资本，它会随着时间的推移产生复利。这意味着要跟正确的人建立关系，不一定非得是企业中职位最高的人，但通常是受到他人尊重，并且人脉广阔的人。储存政治资本需要花时间跟这些人相处，发现他们最关注的事情和他们最迫切的需要，并判断企业的发展方向。从你的人脉网络了解更多与企业文化相关的信息，能够帮助你实现自己的目标。

埋头苦干，没有效率也没有未来

我教授过面向中层领导者和新晋领导者的关于管理的研讨课程。这些课程内容涉及沟通和商业技巧，一般来参加的都是数据和信息领域的专业人士。他们的工作领域涉及财务、金融、工程和IT等行业。他们或者研制可能会挽救我的家人性命的药物，或者负责规划桥梁，或者确保他们的公司遵守各种复杂的规定。大部分人的工作表现都很优异，不然他们的公司也不会每年为他们的技能发展投资数千美元。他们并不是得过且过的人，但是，其中的很多人都缺乏重要的人际交往能力。

你是否会为了参与一些重要的谈话而像外向者那样不时离开自己的小隔间？很多内向者会完全回避这种有利于建立人际关系的讨论。退回自己的办公室很正常，如果你是远程办公，更是完全不需要出现在办公室。回避与人交流，专注于自己的工作，短时间内可能会很有效率。但是在很多快节奏的企业里，日常工作需要人与人之间的频繁互动，这会耗费巨大的精力，让人几乎没有时间和精力顾及工作。就像很多内向者所说的那样，作为一个"演员"会耗去你的所有精力。其中一位告诉我："有时候摆出笑脸很痛苦。"我们的精力都有限。如果你不能学会与别人自在相处的有效方式，那么你每天的工作都会像打仗一样，精神紧绷、高度戒备，艰难地熬过每一天。按照这种方式，你的工作表现一定会受到影响。当下一次升职或者新机会、新挑战来临时，它很有可能不属于你。

4. 成为职场隐形人

不敢站出来表现或者不愿成为众人关注的焦点，是内向者在工作场所的又一个特点，这也会带来问题。职场隐形人面临的主要困境包括：不站到舞台中心，就没有机会；过于低调，想法便无人关注；错误的沟通，让你失去个人力量。

不站到舞台中心，就没有机会

"光彩夺目"的外向者在工作中总是能得到他需要的资源，而其他更为内向的同事则一筹莫展、心灰意冷。有时甚至即使外向者纯粹是在作秀，可这样的情况也还是会发生。一家成功的非营利机构的首席执行官劳丽·尼克尔斯说："这些人只说不做。"虽然实际上内向者在工作上总是很拼命，他们的付出却不一定会得到认可。遇到预算分配、升职、加薪的机会，猜猜谁会落选？当内向者没有出现在舞台中心时，管理层就会忽略他们的优势、能力以及成就。

一位公共关系领域的年轻的内向型领导者注意到，在他的公司，会议是形成认识的场所之一。他认为会议对人们的未来影响深远，并且在这种群体背景下形成的关系会影响高层领导者对一个人的看法。因为自己不是那种"八面玲珑"的人，他认为自己损失了一些工作机会，尽管他有能力迅速高效地完成类似的工作。"人们知道有你这个人的存在，但是你没有给他们留下深刻的印象。"

在这样的情况下继续当背景，就像在居住地之外的另一个城市找工作一样。如果不出现在他的视线范围之内，你就很难成为雇主"优先考虑"的对象。在企业中，大家忘记了你的存在。这样的结果可能会形成打消积极性的消极循环，你会因为付出得不到回报而感到沮丧。除了彻底改变性格，你不知道应该做些什么。

过于低调，想法便无人关注

因为内向者倾向于表现得很低调，他们的见解、想法和方案常会被人忽视。内向型客户经常告诉我，他们在谈话中无法找到机会表达自己的意见，在群体讨论中更是如此。在与外向者进行一对一谈话时，他们也很难插话表达自己的意见和引起对方的注意。他们中的很多人挠着头皮，认定自己缓慢慎重的说话方式是造成这些问题的原因。他们抱怨说，就算有机会发表意见，他们的意见也会被忽视，或者被团队中更积极主动的同事据为己有。

劳丽·尼克尔斯讲述了在一个高层领导者项目中，给她和其他几位内向者带来很大压力的不愉快经历。"每次我们聚会，外向者真的控制了全场气氛……完全就是他们的个人秀。每次我想在集体讨论中插话发表个人看法时，都会被外向者打断，然后话题就变了方向……我真是吃了内向的亏。"很多其他内向型领导者也着重提到了这种被忽视的经历。

还有一些人抱怨他们的想法没有影响力。一位IBM公司的资深IT领导者告诉我，他的个人风格是安静地思考自己的意见，然后发一封邮件列出自己深思熟虑之后做出的答复。可是他发现这种表达自己意见的方式并没有太大效果。就连集体讨论会上随意想出的提案都比他在会后用邮件发出的那些想法更有影响。在他的公司，人们更看重一个人的口头表达能力，而不是书面表达能力。

错误的沟通，让你失去个人力量

除了减弱在公司讨论和决策过程中的影响力，成为隐形人还会降低个人的存在感和影响力。我最近听说了一个让一位内向型团队主管非常沮丧的场景。他需要每位团队成员在规定日期之前提交一些报告数据，就用邮件通知了大家。当他在约定时间没有收到需要的信息时，他给整个团队发了一封言辞激烈的邮件，斥责成员不服从命令、对项目不负责任。然而，如果他通过电话或者当面跟团队成员确认，就会知道获取数据所需的系统出了问题，因此他们才没能按时提交。

电子邮件被称为"误解放大器"。虽然邮件给内向者带来了很多益处，它也会产生大量误会，并且破坏一位成功的领导者本应维护的那些关系。

比如说，由于这位经理事后发的那封邮件，团队成员都很讨厌他，在接下来一段时间内，要想带好团队，做好工作，他还要面对很多挑战。由于对团队成员的工作态度和服从度做了错误的判断，他毁掉了自己原本具有的个人力量。

找准问题，就能解决问题

本章所谈到的挑战有时候会令人畏惧，但好消息是，你能够，并且可以解决这些错综复杂的问题。如果知道它们会在未来出现,就可以提前做好准备,将潜在的障碍转化为改变的契机,这样你将会成为一个比现在更加强大的领导者。

下一步就是付诸行动。让我们来谈一谈如何通过"4P"法来化挑战为机遇。

2

解锁成功之道,把拦路石变成垫脚石:4P 法
Unlocking Success: The 4 P's Process

什么是 4P 法

克服内向并没有什么秘诀，但是你可以采取一些实际的步骤来应对挑战，并且将之转化为机会。4P法是一个简单易记的指南，可以用来优化你的表现。准备（Preparation）、展示（Presence）、推动（Push）、练习（Practice），这四个步骤可以应对内向者面临的四大陷阱：压力；你眼中的自己远逊于别人眼中的你；不懂经营"关系"，职业发展受阻；成为职场隐形人。这些步骤中包含大量工具，可以帮助你成长为一名优秀的内向型领导者。如果你是内向者的领导者，你也可以把4P法当作指导工具。如果你想与内向型同事更好地沟通，4P法会非常有效。

把4P法当作一个标记，用它记录下你的进步，并且反思成功的和失败的人际互动中的经验教训。它还能帮你规划下次遇到类似情况时，你应该做出哪些改变。

为什么说4P法能改变你的人生

4P法由四个部分组成：准备（Preparation）、展示（Presence）、推动（Push）、练习（Practice）（参见图2-1）。准备是整个循环中的第一步。身为内向者却又不得不参与到需要领导能力的场景中时，准备工作会给你带来应对任何突发状况的信心。第二个步骤是展示，指的是你在当下如何定位自己。这一步能够让别人知道你是参与其中的。整个过程的第三步是推动。在这个步骤中，你要推着自己离开舒适区域。在做好了准备，学会了各种展示方式之后，推动自己战胜恐惧是你提高和巩固这些技能的最佳方法。第四步是练习，指利用每一次机会来练习新的行为方式。伟大的冠军选手们每天都在做的事情就是练习。当你掌握了一种技能或者一个工具之后，4P法可以再次从头开始循环。总有新的场景需要应对。接下来我会用更多案例来说明我的客户和受访者是如何利用这些步骤的。

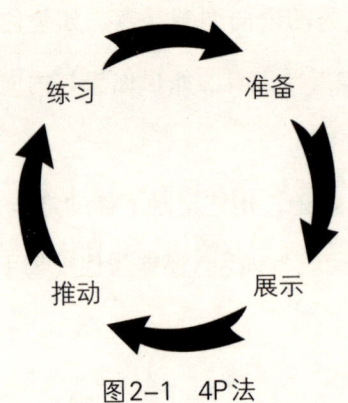

图2-1　4P法

准备：计划越充分，应对越自如

为人际交往互动做准备是你可以做的最好的行动之一。我们经常以为自己可以在谈话、演讲或者面对富有挑战性的人物时"临场发挥"，但事实恰恰相反。如果用与规划项目同样的专注力和精力来规划人际交往互动，你将会见证美妙的结果。压力减轻了，应对更加自如。

你是否为了准备一个棘手的面谈而预测可能会被问到的问题，并且写下你能想到的回答？跟朋友来模拟一下面谈场景怎么样？当你做完这些准备，走入会议室时，你可能会感觉更加胸有成竹，更加自信。即使被问到之前没有准备的问题，你也可以回忆最近复习过的知识，然后组织语言，给出一个强有力的答复。如果这样做过，你就会明白提前准备会带来多么大的不同。与我交谈过的成功内向型领导者们给出了无数例子，这些例子中都包含提前准备这个要素。本书提到了很多有意识地做准备的例子。这里先介绍其中的两个。

前面提到的那位年轻的公共关系领域的领导者发现了一个减轻演讲压力的好办法，那就是准备额外的注释，包括他会用到的特定词汇。他发现，如果提前把这些内容写下来，他在演讲时只要扫一眼就能想到与它相关的一整段话，而且他还补充说："我可以在整个过程中都不受内向性格的干扰。"IT领导者马丁·施米德勒最近参加了一场重要的社交活动。他想办法拿到了座位图，并且认真研究了他在这个大型鸡尾酒会上可以联系的重要客户目标。准备工作对缓解他的焦虑非常关键，而且还帮助他成功地拿到了一个大客户。

准备意味着你要拿出一个通盘计划，因此你应该花时间独自为人际交往制定策略（例如，明确目的，想出具体要问的问题和要说的话，做笔记，并且跟一个值得信赖的朋友排练一下）。观察那些擅长人际交往的人，将他们的方法融入到自己的风格当中。这样会产生很好的效果。

展示：赢得好感的技术

词典里将展示定义为"一个人的姿态和举止，尤其是在需要受到别人满怀敬意的注视时。"如果做好了准备，你就可以放轻松，"专注于当下"。很多内向型领导者都是做好充足的准备，然后顺时应势。展示领导力最好的方法之一就是让别人知道你的存在。一位朋友谈到她崇拜的一个人时说："当他在你身边时，他就会和你在一起。"如果听众认为你和他们在一起，那么认知差异，或者说你期望留给别人的印象与别人对你的真实印象之间的差距就会彻底消失。别人不再认为你是个冷漠的、不相关的人，而会把你当成一个拥有同情心、坦诚正直的人。

专注于此刻、专注于和你在一起的人时，你还建立了友好关系和个人力量。我记得一次在刚入职时与公司首席运营官的会谈。我承认，当时我很害怕，因为她很有影响力，而且她的职位比我高出好几个层级。再加上我知道以后会面临很多复杂棘手的工作难题，同时我还想给别人留下积极正面的印象。会议开始之前，我与她闲聊了一会，然后立刻就变得轻松起来。她正视着我的眼睛，问了一些巧妙的问题，显示了她真诚的兴趣。虽然当时在场的还有很多其他的高层主管，但是我感觉房间只有我们两个人，她完全把注意力放在与我的谈话上面。我一直都记得我和她那天的第一次谈话。在后来的交流中，她总是尽力理解我的需求，并提供合理的指导，体现了杰出的展示能力。她的做法让我充满动力，激励我发挥潜能把工作做好。

当场展示还会让你显得更加真实，这是领导能力的另外一个关键因素。想一想电影《当幸福来敲门》（*The Pursuit of Happyness*）中的下面这个场景。威尔·史密斯在剧中扮演的是克里斯·加德纳，他无家可归，穿着破破烂烂的衣服去参加股票经纪人实习工作的面试。因为没有缴纳交通罚单，他前一天晚上是在监狱里度过的。他没有使用"准备好的回答"，而是权衡了当时的情况，决定实话实说。这个举动很冒险，但是却赢得了面试官的赞赏，并且最终给他带来了一个工作机会。

具有展示能力的内向型领导者还会有意识地为意料之外的情况做准备。他们会想好谈话进行不下去时的备用话题。他们的嗓子眼里准备好了通用的开放式问题，并且会调动起减轻压力的技巧，例如面临挑战时要记得深呼吸。已故的弗莱德·奥特教授在他的研究领域德高望重，他是一个非常内向的人。在与他的遗孀詹妮弗·布什探讨本书时，我了解到，弗莱德在社交场合的备用技巧是随时准备好讲故事。她说，如果有人嘟哝抱怨，他一定会讲个故事，让这个人振作起来，做好眼前的事情。其他无趣的同事可能对此一无所知，而弗莱德则保持了真诚友好的好名声。

推动：走出自己的舒适区

爱默生曾经说过："去做你最害怕做的事。"有很多作品是探讨我们应该如何推动自己战胜内心恐惧的。但是说起来容易，做起来难。不过还是有很多我遇到的内向型领导者权衡之后采取行动，将自己推出舒适区域，进入不舒适的人际互动领域。推动自己去冒险，你会让其他人看到你的潜力。推动自己会使你的职业发展回到正轨，而且会让它加速前进。当玛丽·托兰德推动自己与老板建立关系时，她发现自己的职业生涯进入了一个新的阶段。当马丁·施米德勒推动自己拿到座位图，并且带着目标参加到活动中时，他赢得了一个重要客户。

我认识的另外一位首席信息官推动自己接受教练提出的挑战，在他们接下来要参加的30分钟鸡尾酒会上，收集到20张名片。他强迫自己照做，最终成为公司里有名的社交专家。

迫使自己发挥潜能离开舒适区域，最重要的一点是要设置这样的场景，可以是公共演讲，也可以是跟客户进行一场艰难的对话。一位内向型领导者为推动自己克服不适感提出了最好的理由，他说："你毕竟想知道自己在这个世界上能做些什么。"

练习：创造机会，不断提高

练习是4P法的最后一个步骤。练习会让你精通某项技能，会帮助你将大量工具收进自己的仓库——这就是泰格·伍兹等高尔夫冠军与常人的不同之处，他们已经拿到了冠军，却依然持续不断地练习。练习能够让你不断尝试和试验与人交往的不同方式，并且传递你的信息。练习还能让你具备根据不同情况调整方法和行为的能力。

还可以从以下角度来看待这个步骤。假设你习惯用右手。如果右手受伤了，你就会在日常工作中使用左手。一开始肯定会感觉很别扭，但是过了一段时间之后，你就会相当熟练了。那么你会进入自由自在、没有压力的状态吗？不会，因为你用的并不是你正常情况下使用的那只手。但是假以时日，你使用左手的动作会越来越流畅。

跟上面这个左右手的例子类似，如果你在工作中练习一些不太自然的行为，刚开始可能会让人觉得有些奇怪。但是通过有意识的重复练习，你可以消除认知差异，给别人留下你希望留下的印象。与同事、直属上司和老板之间的信任会增加。脱下隐形斗篷之后，你将会推动自己的职业向前发展。

在接下来的章节中，我会介绍如何在各种各样的典型工作场景中利用低风险的机会进行练习。按照这些建议来做，你将会获得技能和自信的双丰收。

3

内向者，唤醒你心中的狮子
Strengths and Soft Spots

肖恩很高兴从团队主管升职为经理，最初几周一切都很顺利。他得到了很多称赞，工资也涨了不少，但是其他方面基本都和以前一样。他还是和原来的团队成员一起工作，为了最后期限赶进度，为了满足客户的需求而拼命努力，等等。有一天，他的老板因为担心错过几个交付期限来找肖恩，然后给他上了简短的一课，提出了对他的新职位的期望。他说，肖恩的角色应该从一个动手操作的员工转变成为一个领导者——要去激励他的团队成员，激发出他们的优秀表现。他的关注点应该从他所承担的工作转移到他所带领的团队。

在之后的几个月里，肖恩学着和团队一起走出"沙盒效应"，他还空出了更多时间来应对团队成员和管理层面的需求。他保持了一贯的安静态度，但是调整了工作风格来面对新挑战。这对肖恩来说是一个学习的过程，他最终成为了一名优秀的领导者，这也多亏了他的老板鼓励他承担责任。

你是否在迫不得已去做某件事时，才发现自己身上拥有以前从未发觉的能力？内向型领导者经常会遇到这种情况。他们并不会主动要求升职。除非被推着离开安全区域，否则他们总是认为自己只擅长技术工作，不擅长影响他人。然而如果给他们一个负起责任的机会，内向者表现出的领导能力要远远超过外向者。这种感觉对他们周围的人来说"极富感染力"，可以促使他所在的部门取得超出预期的成就，并且最终引领整个公司实现宏伟目标。

大部分人类行为专家通过研究得出结论，个体性格的形成受到基因和环境的双重作用。这并不是先天和后天孰强孰弱的问题，而是两方面因素如何相互作用的问题。肖恩的性格比较文静、低调，之前的工作经验形成了他对经理应该如何管理团队的看法，然而通过老板的指导，他走出了以前习得的行为模式，为领导能力的主色调中添加了新的技能，并且坚持了自己本来的风格。

领导力测试：找准自己的引爆点

那么你呢？你是否火力全开？如果要成为一个更强大的内向型领导者，你还需要学习哪些技能？花几分钟时间完成下面的小测试（见表3-1）。它可以帮助你决定在接下来的章节中，需要着重关注哪些部分的内容。

表3-1 内向型领导能力测试

衡量自己在工作中的表现,圈出你对每个问题的答案。不要对自己太过严苛,也不要太过宽松。

SA= 非常赞同
A= 同意
D= 不同意
SD= 完全不同意
NA= 不适用

Ⅰ.公共演讲

1. 我会为演讲准备故事和例子。	SA	A	D	SD	NA
2. 我会大声练习演讲。	SA	A	D	SD	NA
3. 我会利用声音的变化来实现最好的效果。	SA	A	D	SD	NA
4. 我会抓住当众演讲的机会来练习。	SA	A	D	SD	NA

Ⅱ.管理和领导

1. 我能维持亲自处理和分配任务之间的恰当平衡。	SA	A	D	SD	NA
2. 在管理中我会针对不同对象采用不同的沟通方式。	SA	A	D	SD	NA
3. 在倾听时我聚精会神,不会分心。	SA	A	D	SD	NA
4. 如果有必要,我会把冲突留给团队自行处理。	SA	A	D	SD	NA

Ⅲ.主持项目

1. 我会花时间树立团队成员对我的信任。	SA	A	D	SD	NA
2. 我会清楚地告诉大家我对项目的期望。	SA	A	D	SD	NA
3. 我会与他人共同分享项目的成功。	SA	A	D	SD	NA
4. 我能用幽默来激发项目成员的创造力和促进团队合作。	SA	A	D	SD	NA

Ⅳ. 管理上司

1. 我会和上司定期会面。	SA	A	D	SD	NA
2. 我会准备与职责和目标相关的问题向他/她提问。	SA	A	D	SD	NA
3. 我会向上司提出问题和可能的解决方案。	SA	A	D	SD	NA
4. 我能和上司互相提供反馈意见。	SA	A	D	SD	NA

Ⅴ. 会议游戏

1. 我会准备会议议程，并根据会议议程调整。	SA	A	D	SD	NA
2. 我能应付会议上的"横行霸道"。	SA	A	D	SD	NA
3. 当我想到点子时，会在会议上说出来。	SA	A	D	SD	NA
4. 我会采用各种团队技巧来提高会议的参与度。	SA	A	D	SD	NA

Ⅵ. 建立关系

1. 我知道自己应该在社交关系中提供什么。	SA	A	D	SD	NA
2. 我会通过社交工具与其他人建立联系。	SA	A	D	SD	NA
3. 我会参与实质性问题的讨论，也会与人闲聊。	SA	A	D	SD	NA
4. 公司内外的人都了解我的价值。	SA	A	D	SD	NA

测试分析：

回顾你的答案。

这个测试没有数字形式的分数，更为重要的是答案的模式。按照以下三步进行操作：

1.圈出所有答案是 D（不同意）或者 SD（完全不同意）的问题。

然后从你的回答中选取4个填到表3-2中对应的表格里。它们可能属于同一个类别，也可能是分散的。在本页贴上便利贴，以便阅读后文时随时回过头来查看。仔细查看这些待改进的领域或者说"弱项"，你就可以找到对应的解决方案，并且更有针对性地使用本书。当然，你需要学习各个领域的所有技能才能在领导能力方面取得成功，但是你应该格外留心刚刚列出来的这些问题。这些是你会受益最多的领域。

表3-2 弱项表

完全不同意	不同意

2.征询上司和同事们的意见，并确定你的公司更看重哪方面的能力，这样可以帮你排出优先顺序。上司和同事对你在这些领域的表现的看法可能会很有帮助。

3.不要忘记你的优势。我们花了太多时间来调整我们不擅长的方面，以至于经常忘了我们已经很擅长的那些领导能力。这些能力包括什么？圈出那些你回答了SA（非常赞同）和A（同意）的问题，并将其中至少4个问题填进表3-3对应的表格中。

该如何发展这些资本？例如，如果你擅长与他人共同分享项目的成功（问题Ⅲ.3），你能否在其他工作场合发挥这项优势？你已经做得很好，为什么不利用这个优势，扩大它的影响呢？在阅读后文时，试着参考其他例子，看看其他人是如何提高已有优势的。

表3-3 优势表

非常赞同	同意

接下来的6个章节与测试问题的顺序相同。你将会接触到大量的适用于领导能力领域的工具。在第11章中，花些时间来制订发展行动计划。你可以将计划与本章的测试联系在一起，以确定下一步的关注点。让你的上司、同事、朋友和家人参与反馈。希望这些内容能够帮助你发挥最大潜力，成为有影响力的内向型领导者。

让我们从第一个工作场景开始：公共演讲。

4

告别公众演讲恐惧症
Public Speaking

2000年，到了向董事会做年度报告的时刻，财务副总裁苏珊娜紧张得出了一身汗。她还没有走上讲台，就已经感到一阵阵的恶心。她手心渗满了汗水，呼吸急促地念完了幻灯片上的内容。在结束了20分钟的演讲后，她长长地出了一口气。转眼到了2007年，新的公司，新的董事会正在等待。负责音频设备的工作人员帮她调好麦克风之后，苏珊娜走到讲台前，面带微笑，镇定地看着听众们鱼贯而入。几年前手足无措的感觉消失了。在这之前，在上司和同事们的强烈要求之下，苏珊娜加入了公司的演讲者协会（4P中的推动策略），并且坚持参加了3年的活动。她把在那里学到的技能和自信用到了工作中，抓住每一次公众演讲的机会（4P中的练习策略），克服了本来可能会出现的事业严重停滞。

沃伦·巴菲特曾说过，公众演讲能力既可能成为我们最大的资产，也可能成为我们最大的负债。在发表演讲时，你会表现得像之前的苏珊娜那样，还是会镇定自若、侃侃而谈？或许你处于两种状态的中间阶段。我们都曾听说过，统计结果表明人们对公众演讲的恐惧超过了对死亡的恐惧。就连站起来做自我介绍，都会让我的培训班里的内向者紧张不已。在最初几次被要求面向小组作报告时，他们的声音和手都在紧张地发抖。不过，就像沃伦·巴菲特所说的，在任何场合下都能条理分明地表达自己的想法，才能促进你的职业发展。性格内向并不代表你就不能成为一个了不起的演讲家。就像演员演绎角色一样，你也可以入戏地演绎你的角色。作为你所在公司或者行业的领导者，你需要指导、通知和说服别人。你还需要邀请成员与你沟通，与他人沟通。你的工作可能会包括列举商业案例或者待解决的问题、表明你的观点、向领导概述结果。所有这些都需要你进入角色，掌控大局。

在某种程度上，大部分人都知道采取哪些步骤可以帮助他们克服对公共演讲的恐惧。成功的关键，是训练加上耐克广告语，"放手去做"。正如销售专家理查德·埃尔姆斯所说："今天的演讲会成就明天更精彩的演讲。"人生如此短暂，我们不应该被这种恐惧束缚住了手脚所麻痹。人们应该听到你的想法，为什么不给他们这个机会呢？让我们来看看如何利用4P法成为一个更自信、更合格的演讲家。

准备：成功演讲的三重准备

当我初涉做企业培训行业时，我会花上很多天时间来准备一次演讲。我研究各种资料，预测听众会提出的问题，然后在培训当天满怀专家的自信走进教室。当然，我很快就意识到，就算对资料了如指掌，我还是绝对不可能了解到所有的事实，预测到所有的问题。公司聘请了一位教练来帮我们团队训练演讲技巧。那天他注意到了我的紧张，就在活动开始前，走上讲台对我轻声说："詹妮弗，你很熟悉这些材料。现在放轻松，享受这次经历吧。"这些年来我一直记得他的这些话。精心准备的材料，加上更为重要的一点，你的心态，二者叠加在一起，就是演讲制胜的无敌组合。

做好材料准备

1. 记住你的目的

你应该知道演讲的目的。是通知、说服、指导还是激励？你知道你想让别人做什么吗？他们为什么要在意你说的事情呢？你想强调的三个重点是什么？深入挖掘这三个重点，并配上大量例子。不要给听众填塞太多重点。你想让他们记住什么？这是你的演讲的出发点。在动笔之前，先利用你喜欢思考的个性，好好想清楚这个问题。做好准备会给你带来走上讲台、面对听众的信心。我认识的多位内向型专业人士都说，当他们说自己很内向时，别人根本不相信，因为他们在台上看起来非常轻松，是前期的准备让他们在讲台上游刃有余。

2. 给我讲个故事

几年前，蒙特尔·威廉姆斯为一整个房间的管理专家们做了一场主题演讲。他讲了一个故事，讲的是他把秘书提升为他名下一家公司的总裁，并向在场的听众介绍了这位女士。那是一个振奋人心的时刻，在场的很多人都为这位活生生的榜样而感动。这就是举例子的力量。你有多少次听到一个演讲者，不论是励志演讲家，还是你们公司的首席执行官,通过讲故事来调动大家的积极性?你有多少次见到领导者通过讲述个人经历来证明自己的观点?你也可以掌握这种通过讲故事来加分的技巧。

通过讲故事来强调一个观点的效果远远胜过幻灯片上列出的几个关键点。好消息是,你完全可以通过准备和排练来增强这些故事的效果。这个方法可以用来激励消极怠工的项目团队,也可以用来吸引消费者购买你的产品。今天,故事是成功演讲的关键。

讲故事专家安妮特·西蒙斯说过:"在沟通中,人的存在和展示经常被那些试图让沟通变得清晰、简短和吸引注意力的各种标准所掩盖,但是这些标准实际上却会让沟通过于简化、断断续续,并且令人烦躁。这些'次要目标'经常会混淆真正的目标:人与人的联系。如果没有个体的独特性格作为背景,沟通就无法让人感觉到真诚。沟通时,你得在现场。真正的你,而不是经过粉饰的、理想化的那个你。大部分失败的沟通所缺乏的要素就是人情味。这个问题很容易改正。为了在每次沟通中都融入人情味,你只需要讲更多的故事,然后'嗖'的一声——你就在场了。你的沟通里就有了人的存在。"

我们都不是生来就会讲故事的人(说这话的我本人讲笑话时就总会忘记最关键的绝妙部分!),但是你可以学会讲很棒的故事。我们身边到处都是故事素材:媒体、书籍、电影、电视等。不过,我认为最有影响力的笑话还是来自我们的亲身经历,尤其是当我们自爆缺点时。正是通过这种时刻,我们才跟听众产生了深刻的共鸣。

我记得几年前我们全家去玩漂流的经历。我的爱人比尔从竹筏掉进了水里，因为我之前完全没听我们那位非常可靠、扎着马尾的导游的讲解，所以在"营救"比尔的过程中，我实际上一直在帮倒忙，差点儿害死比尔。我经常用这个故事（当然会加上更多的细节）来强调倾听的重要性。故事发生时当然并不好笑，但是回想起来时，因为有了反省和在故事中增添教训的时间，人们就能够理解这个故事，同时还能论证我的观点。你也可以做到这一点。

讲好故事需要遵照一个有效的模式。你想论证什么观点？在这个场景中发生了什么？将气味、图像和声音加进来，你就可以带领听众与你共同感受这个故事。现在我热衷于讲述工作中发生的故事，因此我随身带着一个小本子，随时把回忆和观察到的事情记录下来。只要张开双眼，你就能发现好故事在等着你去讲述。

3. 告别"幻灯片卡拉OK"

虽然幻灯片是一个很好的工具，但是我们中的很多人对它使用得太多或者过于依赖它。一页幻灯片上包含太多要点，在听众可以自己看时非要把幻灯片内容大声读出来，缺少听众参与，这些都是幻灯片的负面效果。戴尔加拿大公司的市场经理凯文·史密斯的评价很贴切："听众们来是想听专家（也就是你）来讲一讲让他们头疼的某个问题的解决方案，而不是来听你表演'幻灯片卡拉OK'，对着幻灯片读内容的。"

换个方式，考虑使用照片、其他图片、一个提问、关键词，甚至是一段声音来论证你的观点。克里夫·阿特金森在他的网站www.beyondbulletpoints.com上展示了很多构建这种类型幻灯片的绝佳范例。

一位企业福利专员曾经拒绝使用这种方法。我建议她给听众分发大纲讲义，以便他们在上面做笔记，并将她的讲解资料上传到网上。在幻灯片上最好只提示三点重要信息。听众通过记录最重要的内容，可以加强对这些信息的记忆，并且随后在网上资料中获取更多细节。我觉得听众不太可能记住她讲解的众多福利信息。你的听众会赞赏这种方式，并且能够从你的演讲中受益匪浅。

做好自我准备

1. 战胜恐惧

惧怕公众演讲的并不仅限于内向者。全身发抖、手心出汗、膝盖打颤等都是在领导者中很常见的紧张的症状。因为外向者在谈话中更自在，他们以为可以把聊天的技巧搬到讲台上，但是，对一群人讲话需要的是另外一些技巧。说到演讲，很少人能够即兴而作，我们也不应该这么做。内向者喜欢思考的特点在这里反而是个优势。利用思考来消除恐惧，能够帮助你更加集中精力、做好准备，并让你在讲解时更加自然大方。

要成为一名自信的演讲者，你需要进入正确的思维模式，把紧张转化为能量。专注于当下，与听众打成一片是关键，尤其是当你面对之前没有预料到的反应时——面对现实吧，你很难预料到实际反应的。几个月之前，我在一个项目中演讲时，发现台下没有什么反应。于是我决定走下讲台，在听众席中走动。一切就变得不同了。这样我感觉更加自在，我觉得听众也把我当作一个普通人，而不是"演讲者"来看待了。倾听你的直觉。这会给你带来更多灵活性。

《自信区域》一书的作者、职业演说家斯科特·马斯利（Scott Mastley）告诉我："所有的演讲者站在听众面前开始演讲时都会感到紧张，但是优秀的演讲者会提醒自己，想到之前取得的成功、他们所做的准备，以及为人们传递有价值的信息并且得到赞赏的那种成就感，将紧张的情绪转化为更高层次的热情。"

2. 想象一个美好的场景

马尔内在一次课后找我寻求建议。她告诉我，作为一名医药销售代表，她需要向医生和其他医务人员做很多次讲解。她是一个内向的人。最近一次她不得不在一个大演讲厅里做演讲，尽管她已经学会在小规模讲解时控制自己的紧张情绪，但是这么大的场合还是让她吓了一跳。她说自己觉得很害怕，很糟糕。以后她应该怎么做才能控制紧张情绪呢？

想象一个美好的场景是一种很强大的技巧，我建议马尔内下次尝试一下。泰格·伍兹等很多运动明星一直在使用这种方法。很多人告诉过我，他们的中学和大学教练教他们通过使用这种技巧取得了优异成绩。

下面是具体操作方法。在演讲开始前，找一个轻松安静的地方，想象一种非凡的体验。首先，放松身体，消除紧张情绪。试着听一听手机或者播放器里的舒缓的音乐。然后想象自己正在会议室里进行演讲。想象听众热情的面孔、他们的微笑、提出的问题，以及你给出的令人信服的回答。你在想象中体验到的愉悦心情会持续一段时间，大脑已经被调整到平和积极的体验状态。想象一个美好的场景是一种艺术，练习得越多，就越熟练。有人告诉我，他们一直无法成功地想象出一个美好的场景。如果你也是这样，不用担心，没有适合所有人的万能技巧，你可以用其他方法来缓解紧张情绪，比如说缓慢的深呼吸。

3. 保持充沛的精力

通过激励自己和想象成功的场景来让自己做好准备非常重要。很有帮助的另外一点是，记住要让整个身体全都参与进来。在讲话之前进行缓慢的深呼吸可以让你放松，并帮助你平静下来，排除杂念。走一走或者其他运动会促进身体的血液循环和能量流动。这对性格比较安静、演讲时很低调的人会很有帮助。跟着这些步骤照做之后，你会感觉更清醒，更有活力。

在准备演讲时，吃一顿丰盛的早餐和充分休息的原则同样有用。如果你参加训练课程，可以随身带一些健康的零食，在中场休息时吃。随手准备充足的水，避免缺水，并且控制咖啡因的摄入。

4. 排练是必不可少的

在录音设备前大声练习你的演讲，还可以使用录像设备，看看你在语调、重音、停顿和用时等方面的演讲表现。可以把演讲稿分成几个部分来分别练习。如果非要完整地练习一遍，然后再回过头来审视评论，这样做会太枯燥乏味。大声排练产生的效果令人难以置信：纸上的字句变得有生命，而且你会在真正演讲时表现得更加自然大方。对了，演讲培训师还建议你把你的演讲录下来，通过之后的回放来不断改进你的演讲表现，如果你以后还要再次讲解同样的内容，这么做就更有帮助了。

瑞·山·帕斯克尔是一位全球需求经理，他说他的公司的公关经理说过："练习，练习，再练习，"然后就会产生不同。他说你可以从每个人演讲的流利程度看出谁事先练习过。那些没有练习的人会讲得磕磕绊绊，并且超出规定的时间。

5．一定要提前到达演讲现场

温蒂·凯尼是一位内向的推荐营销研究员，她告诉我为什么她非常重视演讲时提前到达会场。"我会提前到场。特别，特别，特别，特别早就到场。我可以再回顾一下我的笔记，或者看看杂志，甚至是坐在那儿发呆——但是我不用担心迟到、交通或者突然来的电话带来的压力。而且当会议组织者到场时，他们会很高兴看到我已经来了，不用担心我出什么差池，所以他们会对我很好。我会帮他们做点事情（哪怕只是拿包），这会让他们心怀谢意，并且对我很友好。这样如果房间里有什么需要调整的，他们就会很乐意去调整。"

展示：如何在舞台上做出最好的表现

现在你准备好了，接下来就到了演讲的时间了。我们来考虑一下如何在舞台上做出最好的表现。

在跟无数位成功的内向者探讨过这个问题之后，我总结出了三个重要方法。它们是：(1)与观众建立联系；(2)让你的声音更富有磁性；(3)身体语言帮助你塑造形象。

1. 与观众建立联系

玛里琳·莫布利是爱德曼公关公司的高级副总裁,她同时也从事演讲技巧培训和媒体培训。她说:"大家都喜欢偷听别人说话,"所以建议"看着听众中的某一个人,因为其他人都会留意听你在对那个人说什么……因此当你讲到重要观点时,选择一名听众,与他对视,然后换一个人,接着再换一个人,以此类推。你会给予你对视的听众,以及其他所有在场的听众带来巨大的影响"。

销售培训师理查德·埃尔姆斯说:"当我把关注点从我正在做或者正在说的内容转移到听众接收的内容之后,一切都不同了。我没那么紧张了,培训效果也更好了。"

凯西·阿姆斯特朗·李是一位传播和社区事务经理,她讲了一个很好的事例,是一名首席财务官学习如何在演讲中调动听众兴趣的过程。"他真的一步都不敢离开讲台,他的头压得低低的,对着麦克风念演讲稿。演讲的题目是休息时间,这完全就是催眠曲!一年以后,通过指导和练习,加上精简演讲稿,删除大量细节,他变得非常自信,甚至可以带着领夹式麦克风,在讲台上走来走去,不断强调演讲的重点内容。他讲述了调动听众兴趣对达到演讲最终目标有多大的帮助。他还号召听众采取行动,并告诉他们如何集中精力做一件事情。听众离场时都在讨论他们终于'听懂了',而且还从他的号召中获得了能量——这可是他以前照本宣科时从来没有达到的效果。"

2. 让你的声音更富有磁性

如果你经常接打电话，可能就会很擅长"识别"听到的声音。你能听出电话那头的人很匆忙、很疲倦或者正乐在其中。或者也可能对方已经学会了伪装。

我们呼吸的方式会影响我们发声的方式。蕾妮·格兰特·威廉姆斯是一位著名的声音导师，她说："呼吸过浅会让你说话带有气音，听起来很虚弱。颈部的紧绷会让声带变得僵硬、死板、反应迟钝，容易损伤。它会停止共振，缺乏弹性……采用腹式呼吸时，你的声音会更加饱满和浑厚，因为你的身体和声带可以自由振动。"

停顿是一种利用声音产生影响的方法。内向者比外向者更能忍受沉默，因此好好利用你的这个优势。在重要论点之前停顿一下，就能够抓住听众的注意力，让他们做好准备倾听接下来的内容。讲完重要论点之后停顿一下，可以让观众有时间消化内容。蕾妮·格兰特·威廉姆斯还说："雄辩是银，沉默是金，停顿是纯铂金。"演讲家兼培训师凯文·霍斯特建议说："在你讲完一个重要论点，就是你希望听众能记住并且受其启发开始行动的论点之后，停顿时间要比你觉得合适的时间更长一些。"但是跟外向者交流时，要有选择地采用这种方法。一位经理告诉我，一旦她停顿次数太多，她的外向型老板就会变得不耐烦。因此，记住要根据听众的类型来灵活调整。

一旦你发现，声音这种沟通因素能够左右别人对你的印象的85%，你一定会想要调整这个沟通工具。你的老板要求你汇报"伽利略"项目的进展，而你今天凌晨3点钟被吵醒，起来给宝宝喂奶，现在只想倒在床上大睡一场。试着缓慢地做几次腹式深呼吸，感受你的能量再次恢复。你可以表演得像真的一样，通过展示活力和更有效地利用声音，你一定会成功的。

3. 身体语言帮助你塑造形象

我第一次在培训课上被录下来时，手里正拿着一支白板笔转着玩儿。我把它在左手和右手之间转来转去，却完全没有意识到自己在玩儿的这个棒球游戏。我敢肯定几乎没有人在认真听我的妙语连珠，他们都在看那支笔一前一后的有节奏的运动。

前文提到的推荐营销研究员温蒂·凯尼谈到过身体姿态在建立她的讲台形象方面的重要性。跟本书中提到的很多内向型领导者一样，她说她会选择当天她想成为什么样的人，然后"套上那种人的模型。然后我会像他们那样托着脑袋，像他们那样抱住肩膀。最开始学到这种技巧时，我经常想象我是奥普拉·温弗瑞"。

推动：提升自己的两个技巧

我们在准备和展示环节谈到的一些策略可能也适用于你的推动环节。以下是来自内向者的更多建议。

认真提升你的技能

克服了公众演讲恐惧的很多人都推荐的一个做法是："加入演讲者

协会！"演讲者协会（www.toastmasters.com）是一个世界性的非营利组织，在92个国家设有分会。他们的目标是"帮助人们获得当众演讲的信心和能力"。在这里每周都可以在轻松的氛围中练习，还能不断得到反馈，这样可以帮助你提高公众演讲能力。当然，你自己要不断注意改进。

多加一点创意

一点创意就能带来很大的帮助，寻找能够让你的演讲活跃起来的机会。之前我建议过，把幻灯片上的要点内容换成图片。我听过帕特·海利（Pat Haley）的一场演讲，他曾经担任《宋飞正传》（Seinfeld）的编剧，现在主要给公司客户做演讲。他分享了20世纪60年代的一些全家福照片，逗得我们开心地大叫。照片背后的故事可以用来论证他的观点，并且吸引听众的注意力。我还记得其中一张照片是他的弟弟和妹妹在万圣节时拍的。他指着他的妹妹的女巫道具服，说那是用哥哥们以前的男巫道具服改造而来的，因为家里孩子太多，就没有挑选的余地。我立刻就回想起了自己小时候穿过的那些奇特的服装。那时我也同样没有挑选的权利，尤其是有一次妈妈把我打扮成发射苏联人造卫星的太空火箭。与听众的这种联系会让你的演讲得到预期效果。查一查那些出售其他人的全家福扫描件的网站。你也可以使用《纽约客》杂志里的漫画图片，然后让听众给它们配上字幕。这样可以产生一些不落窠臼的想法。

我的同事马蒂·默瑟是一位公众演讲专家，他给我讲了他在最近一次会议演讲时采用的推动策略。他头一天晚上带着相机抵达会场，趁着在酒店附近闲逛时，给参会者拍了很多照片。那天晚上，马蒂把照片从相机下载到电脑，然后穿插到他的幻灯片里。他做了一些幽默的点评，演讲从一开始就完全抓住了听众的注意力，让他们全程投入地听完了演讲。

温蒂·凯尼也会预先准备吸引听众注意力的招数。她会选一些喜欢成为焦点的人，她说很容易就能在人群中辨认出这样的人。她会倾听他们的故事和趣闻轶事，然后请求他们允许她在演讲中引用他们的故事。她可能会在午饭时说："哦，我想在演讲时分享你的那个故事，大概开始后15分钟时，你同意吗？"温蒂说她觉得自己像是个善用小道具的魔法师，而听众并没有看出她的技巧。

练习：抓住一切机会练习演讲

你可以使用技巧来使演讲变轻松，但练习才是挖掘你最佳表现的魔法。（参见图4-1）哪些关键步骤能助你成为公共演讲的专家呢？就是演讲再加上演讲。抓住每一次演讲机会来提高你的适应程度。试试看，主动请缨，在下次员工会议上回顾上次培训课程的内容，怎么样？或者跟你的团队分享你在最近一次研讨会的展览摊位上了解到的同行业竞争发展趋势？或者告诉你的上级，你可以向他经常会面的团队汇报项目进展？你的身边到处都有可以争取的演讲机会。邀请别人来观察你的演讲表现，一定要多问反馈意见。是的，练习很难，而且很不舒服，但这是提高能力的唯一途径。

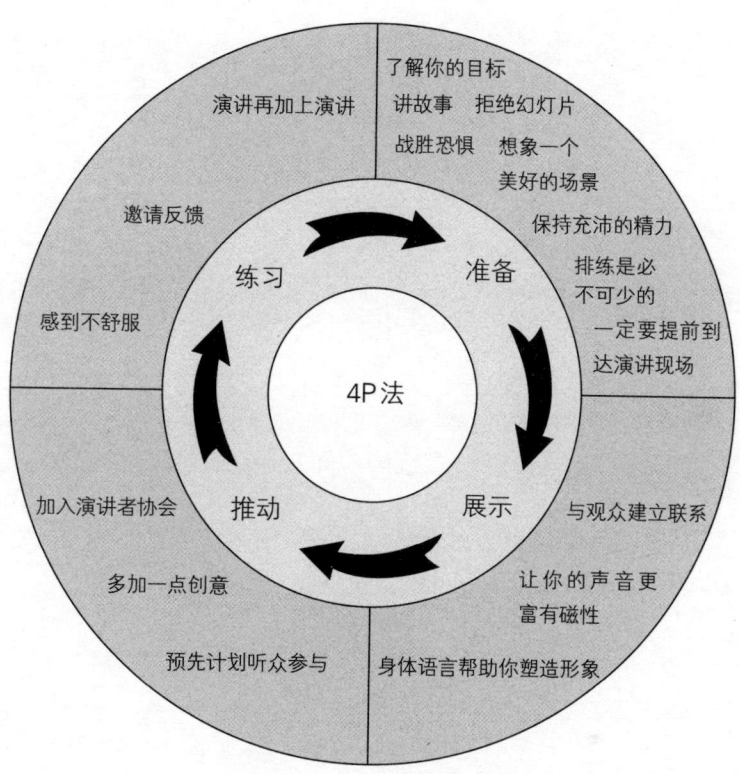

图4-1 公众演讲练习

5

内向者如何做领导
Managing and Leading

在现场担任咨询顾问才几天，我就能感觉到那里的紧张气氛。那些"穿西装的"要来车间视察了，大家看起来都坐立不安。他们已经听到传言说公司要做出变动，特别是要削减倒班，也就是说加班费会变少。我看到负责生产的副总裁走进休息室。他真诚地与每个人打招呼，我能听到他在问别人问题，而且他专注的身体语言告诉我，他很关心他们的回答。我听到他问一个年轻工人："你妈妈怎么样了？"那个工人告诉他妈妈自从去年生病以后的情况。他在屋里走来走去，不断进行着类似的谈话。

在当天晚些时候在餐厅举行的正式会谈中，他坦率地介绍了公司现状，然后听取了大家的提问。他既没有居高临下地对大家唱高调，也没有掩饰公司所面临的挑战。另外，他直接面对了加班问题，聆听了工人们的疑虑，并且保证会及时通知大家最新动向。当他走向汽车时，我问了几名工人对他的印象，他们基本上都觉得他"很酷"。

这就是展示能力！他懂得顺利完成工作必须知道的一条重要经验：人们不希望你只是把他们当作大转轮上的一颗螺丝钉，他们希望能够产生影响。通过持有真诚的态度和关心表现人们最棘手的问题（不论是私人的，还是与工作相关的），你可以构建信任和坦诚的沟通。

还记得上次有人真诚地询问你生活和工作上的烦恼时，你心里的感受吗？当他们听你回答时，你可能感觉整个房间只有你们两个人。这种真正与另外一个人同在的能力是有效领导力的标志之一。

那些被认为内向的人经常会提到，比起面对多个人，他们在一对一的交谈中感觉更自在。别人也认为他们是很棒的聆听者，因为他们更注重谈话深度，而不是广度。通常情况下关键就在于开启对话的方式。你可以从一个小话题开始，询问别人的名字，或者问问他们是否有小孩或者宠物，用一些活跃气氛的话语开始交谈。一旦你找到对方深有感触的兴趣点或者关注点，谈话就会自然而然地展开。

注意两点：不要问太多问题，不然会让对方感觉是在被盘问；还有就是一定要认真倾听对方的回答。很多人一旦问完问题，就会去关注下一个问题或者下一个人。这样的行为应该避免。

最开始，提出"你妈妈怎么样了？"这样的对话可能会让你感觉不太自在。你可能会发现对方并不想说太多，或者他们直接三缄其口。这都没关系，你在给谈话的车轮涂上润滑油，有些车轮可能需要比其他车轮更多一些的油，要有耐心。在你一次又一次进行一对一谈话之后，你会看到效果的。

我们稍后会回到展示的话题，现在我们先看一看领导力和内向的关系的话题。在阅读了大量关于这个问题的研究报告之后，我并没有找到确切的证据证明外向者比内向者更适合担任领导者。一些研究专门探讨了内向问题，但是这个课题还有广阔的探索空间。例如，其中一项研究探讨了城市管理者的适合人选。研究者认为，内向型城市管理者更加关注内心，他们经常反思，深思熟虑之后才会行动，更有可能连任。

还有很多关于成功领导者的特征的书籍和文章。我的客户们一致认为，好老板都具备丹尼尔·戈尔曼在其著作《社交商》(*Social Intelligence*)中列出的一些性格特征。好老板擅长倾听、鼓励和沟通，他们充满勇气，富有幽默感、同情心，他们还果断、负责任、谦虚并乐于分担权威。

与之相反，坏老板则处处让人碰壁，他们生性多疑、城府极深，而且令人生畏。他们脾气很差，以自我为中心，优柔寡断，指责他人，骄傲自大，而且不信任他人。内向者和外向者都可能是两种老板中的其中一种。内向者可能更容易表现出善于倾听的特征；外向者则更容易表现出另外一些特征，比如说幽默感。但是所有这些特征都可以混合搭配，表现在一个人身上。幽默感在内向者和外向者性格特征中出现的可能性一样高。曾经有人问内向者沃伦·巴菲特他希望用什么话做墓志铭。他不假思索地大笑着说："天哪，他可真老！"

本章主要介绍如何在组织里做一名成功的领导者。内容包含我从内向型和外向型领导者身上学到的经验教训。接下来我们来看看这些建议和工具是如何融入4P法的。

准备：升职之前做好四项准备工作

对大多数人来说，踏上领导岗位既让人害怕又让人兴奋。一方面，我们总是为自己的成就得到认可而高兴；另一方面，我们会怀疑自己能否胜任领导者职位要求，我们还会担心离开自己擅长的领域，进入一无所知的新领域。

斯图尔特·斯托克斯在一篇题为《信息系统管理最艰难的转换》（主要针对内向者）的文章中说得很好，"完成这场'最艰难的转换'意味着：第一，你要放弃你熟悉的、喜欢的、以及能给你带来极大成就感和声望的事情。第二，它意味着承担一些你不熟悉、不确定你是否喜欢，而且也许不会（至少一开始）给你带来成就感和声望的事情。第三，它意味着告别确定、明确，甚至'有正确答案'的任务。第四，它意味着开始面对那些似乎很模糊、不清楚，也许界定不清，而且最糟糕的是可能看起来无解的任务和挑战——至少短期内是这样。"

虽然不存在规范手册来教你如何适应这种转换，但是培训、辅导和指导可以增加你成功的概率。你也应该利用这些步骤来决定是否要接受领导者职位。你也可以对升职机会说不。

以下是准备过程中要考虑的四个环节：（1）了解自己；（2）了解你的团队；（3）提前准备激励方案；（4）看清大局。

1. 了解自己

有人说，最难管理的人就是自己。我们要学会自我管理，才能管理他人，这句话说得太对了！了解自己意味着清楚你所具备的价值和责任。通过自我认知，你可以学会发挥你在领导方面的优势，弥补不足。当我和比尔·康维勒（Bill Kahnweiler）合作撰写《打造你的HR形象：现代职场必胜法宝》（*Shaping Your HR Role: Succeeding in Today's Organizations*）一书时，我们发现了解自己能带来影响深远的好处。我们创建了一套职场成功模式，包含六项重要指标，它们是经验、技能、特征、价值观、好恶和情商。当你了解到自己的优势和不足后，就会变得更加客观，在必要时跳出自己的思维定式，对他人表示适度的关心。了解自己的缺点还可以让你在需要时寻求帮助，而不是欺瞒你的员工。自我认知能帮助你了解自己对团队的价值，给你勇气去主动要求承担挑战性的任务和其他你渴望的工作机会。

你对自身能力的信心也会传递给你的员工。咨询管理学会顾问鲍勃·博尔顿在一篇标题为《计算机世界》的文章中写道："一个领导者一定有追随者。如果某个人的专业造诣很高，其他人就会因为他的专业能力而追随他，而不是因为他能够站在讲台上发表演讲。"

了解自己还可以发现盲点。例如，因为习惯了亲力亲为，你可能不能将任务及时分派出去，没能尽到管理和指导团队成员的职责，导致工作负荷超载，错过交付期限。发现不擅委派的不足，就可以补救，不过这只有在你通过自我评价对自己有一个清晰认识的基础上才能实现。

2. 了解你的团队

本书谈到了各种工作风格。大部分人现在应该至少了解一种性格测试工具。MBTI职业性格测试，也叫迈尔斯－布里格斯类型指标，它除了突出内向和外向的差异之外，还描述了其他性格维度，包括感觉、直觉、思考和情感。了解这些倾向可以让你在接触别人时变得不同以往。

你应该在准备阶段就计划如何与别人接触。例如你要带你的团队开始一个大项目。感觉能力很强的员工会专注于事实和细节，另外一名直觉型的员工则会愿意听你讲述全局愿景。如果你能了解这些团队成员之间的细微差别，就能更快调动起他们投入项目的积极性。了解你即将领导的团队成员各自的风格、技能组合和其他喜好，提前做好准备。如果你是从团队内部提拔上来的，你可能已经了解这些信息了。

创意空间合作伙伴有限责任公司的管理合伙人查克·帕帕乔吉欧与我共事多年，同时也是一位成功的企业家，他适应不同工作风格的能力总是让我印象深刻。我问他对内向者采取什么领导方式，这位外向的合伙人觉得当他"创造了合适的氛围时，内向型和外向型经理或高管的表现并没有差别"。不过，他的确会对内向者稍微调整一下自己的风格。在面临挑战时，他会"花几分钟准备一份简短清晰的需求或问题说明，展示给这些经理，并且给出一个提交解决方案的时间表，然后就走开"。查克让他的团队中更为内向的经理将问题内化，处理信息，然后给他一个答复，这样他们就不用承受必须当场给出答复的压力感。有趣的是，他还告诉我，他对外向型经理用同样的方式也能成功，因为"这样他们就不会提交他们脑子里想到的第一个方案"。

3. 提前准备激励方案

有没有可能提前准备激励员工的方法呢？有的。这个过程的一部分就是了解什么能激励你的员工。每个人都与别人不同。上任后的前90天之内与员工进行一对一面谈是更多地了解他们的好方法，这样你就可以调整你的方法来满足他们的需求。我认识的一位IT经理发现给最优秀的员工放一天假并不是一个有效的奖励，委派他在充足的时间内解决一个复杂问题才能真正激发他的工作热情。

鲍勃·奎恩是一位内向的人事经理，他认为经理真诚的尊重和包容能够激励员工。虽然并不是一个外向者，但他已经把每天在办公室到处走动，与人交谈当作了激励准备行动的一部分。当鲍勃负责一项并购案时，他与每位相关人员单独会面，倾听他们的担忧，然后他与上级领导者会面，从零开始敲定了综合团队的所有成员。鲍勃说："并购开始时，每个人都非常清楚自己要做哪些工作。"他还安排了每个办公室的早午餐，给每位新同事一瓶红酒，还委托一位同事向新加入团队的成员介绍办公室文化。他说他收到了员工送来的他所收到过的最温馨的感谢卡。他说，当一位中层领导者看着他说"你还真不赖"时，他知道项目进展得很顺利。

鲍勃·沙克（Bob Schack）是一位商务拓展副总裁，曾在思科公司和北方电讯公司担任领导者职位。鲍勃是个外向者，经常领导头脑聪明、技术过人的科技人员。他知道团队成员的动力和风险承受力都不同。不过，他认为可以让团队成员全都参与到项目成果的创造中，以此来激励整个团队。有一次，他和几位团队成员跳槽到了不同公司，但是某个项目带来的兴奋太过强烈，他们居然通过各自的新公司继续合作把这个项目做了下去。他甚至说，10年后他还要跟这些人再见面，因为"我们建立了私交"。这就是激励！

管理顾问和作家马库斯·白金汉相信员工激励的最佳效果要具体问题具体分析。他在书中写道，优秀的经理更清楚如何下象棋，而不是玩棋盘。他们了解每个棋子的走法，然后将这些行动融合到他们的奇袭计划中。

4. 看清大局

担任管理者职位意味着你需要使用正确的大脑半球。斯图尔特·斯托克斯在面向IT经理的演讲中说道："大脑左半球——很多IT专业人员偏爱并且觉得最舒服的区域——主管我们的分析、结构、预测和条理。左脑是经理们喜欢，而领导者不喜欢的。大脑右半球则是领导者喜欢，而经理们不喜欢的。右脑更为非结构化、实验性、创造性、远见性和缺乏条理性。我们用左脑进行管理，用右脑进行领导。两个半脑既有差别，又有互补。在工作中，两个半脑当然都需要用到，但是逐渐地，你会从亲力亲为和负责实务工作转到创建愿景，将你所在部门的工作与整个组织的工作联系起来，并且退后一步，看看你应该如何创造性地使用你的资源（人力资源和其他资源）。"

丹尼尔·平克认为领导者要放弃专注于一点的想法，就像作曲家和乐队指挥知道交响乐队各部分要一起演奏一样，整个乐队共同努力才能演奏出壮丽篇章。协调是指能抓住不同关系之间的关系的能力。平克认为这是我们所在的概念化时代中至关重要的一种技能。他跟我谈了他对交响乐效果与内向者之间如何建立联系的想法。"协调能力对所有领导者都很重要，但是内向型领导者也许更有优势，因为他们更擅长倾听，因此他们可能会得到更多更好的信息。"

平克给出的一个具体建议是"把你的公告板改成灵感牌。每当你看到引人注目的东西时，可能是一张照片，或者一页杂志，把它贴到板子上。很快，你就会看到这些图片之间的联系，并用它们来活跃和扩展你的想法。"为领导者职位做准备时，既要用到右脑，也要用到左脑，这样才会产生更好的效果。

展示：怎样提升自己的领导魅力

给别人留下深刻印象是展示的一大功能。我曾经参加过一次会议，主题发言人小威廉·斯特里克兰德迷住了全场听众。比尔（比尔是小威廉·斯特里克兰德的昵称——译者注）是一位鼓舞人心的领导者，将所有的精力奉献给了匹兹堡的穷苦年轻人。他受到了国际认可，并且已经将他的艺术和职业培训中心的最佳实践推广到了全国各地。在我听的那场演讲中，他演讲的内容和方式都非常感人，很多听众都为之流泪，啜泣之声此起彼伏。比尔的演讲是发自内心的。他的演讲结束后，我休息了一下，却发现他周围站满了人。有人低声说："这就跟见到教皇一样！"我完全同意这个说法。令人肃然起敬的气氛笼罩在这位谦虚的人的周围。忽然我发现比尔就站在我的面前，他递给我一张名片，并且说："欢迎拜访我们的匹兹堡培训中心。"他正视着我的眼睛。他是否给围着他的每一个人都递了名片，做了同样的邀请，这都没有关系。在那几秒钟里，我感受到了他真诚的关注。我相信比尔的真诚和热切也打动了不少高管，例如亨氏集团继承人约翰·海因茨（John Heinz）和亚马逊创始人杰夫·贝佐斯(Jeff Bezos)都成为了他的众多企业赞助商之一。这就是展示。

接下来的几部分我们会探讨我在成功领导者身上观察到的关于展示的三个要素：（1）学会委派任务；（2）带着协调倾听；（3）读懂对方的表情。

1. 学会委派任务

在我这些年教授的管理课程中，委派任务似乎是新任管理者们最难掌握的技能。但是这又是他们最需要学会的技能。如果你抓着那么多战术方面的工作不放手，又怎么可能领导、计划和指导别人呢？我知道的一家公司针对这种需求提供"委派工作训练营"。学习如何委派工作并不是最难的部分，关键在于将正确人选与合适的任务相匹配，了解当事人的能力水平，并且指导他们完成任务。如果你在刚开始时能多做一些指导，在他们逐渐掌握技巧之后慢慢放手，委派工作就能成功。

不过，我发现要成功地把任务委派出去，最大的障碍隐藏在背后，我们每个人都有一些微妙的顾虑阻碍自己转交控制权。我担任管理者时也有过相同的体验，直到后来我了解到，这种抵抗会阻碍我胜任领导者的职位。如果你在准备阶段坦诚地面对自己，就能分辨出这些阻止你放开实务工作的潜在障碍。影响你的委派的顾虑是什么？反驳表5-1中列出的每一个顾虑，可以帮助你克服这些障碍。

表5-1 委派工作的顾虑

为什么不委派	你的反驳论点
我不想花时间培训别人	这是一项回报丰厚的投资。你投入的培训时间能建立员工自信、解放你自己的时间，所以是值得的。
他们不会按照我的方式来做。	是的。但也许这样更好，或者只是不同于你而已。结果才是最重要的。
对结果负责的人还是我。	是的。不过你还可以与你的团队分享优秀工作成果得到的赞扬。
（在这里写下你自己的顾虑）	（在这里写下你的反驳）

我的一位内向朋友布鲁斯最近分享了一件事，他和老板一同参加一次商业展览时，他对老板佩服至极。布鲁斯是一位为人随和的软件设计师，在那次展览会中担任展台的工作人员。他负责通过聊天把参观者带到自己公司的展台，然后接下来就交给他的老板来跟进。前几次尝试都彻底失败了，谈话总是没说几句就戛然而止，然后眼睁睁地看着潜在客户走向别的展台。这时他的老板做了一个明智又及时的决定：他们转换角色，由老板来负责接待，将他的"猎物"带给布鲁斯，由他来解答各种技术疑问。布鲁斯的老板用这个匆忙做出的改变及时挽救了困境，收获了一些潜在客户。布鲁斯也觉得自己的才能得到了利用，为公司做出了贡献，这是一个双赢的解决方案。

2. 带着协调倾听

第5章开头提到的那位主管生产的副总裁表现出了熟练的倾听能力。"协调"是丹尼尔·戈尔曼用来描述这种倾听技巧的词，他将之描述为"不是短暂的同情，而是完全、持续的促进和谐关系的注意力……我们只需要有意投入更多注意力就能促进关系的协调。"戈尔曼说真正的倾听意味着有来有往的对话和"我们允许谈话按照我们共同决定的进程来继续下去"。他认为，这种深度倾听是优秀领导者特有的特征。我喜欢他说的进行一场"无议事日程"谈话。你不是去进行销售或者证明你的论点的，而是去倾听，或者像史蒂芬·柯维（Steven Covey）说的那样，"先了解别人"。真正的倾听需要更多的注意力，而不是时间。当比尔·斯特里克兰德注视着我时，时间还不到一分钟，但是他对我付出的专注是不容置疑的。对忙碌的管理者来说，这意味着从你的电脑或者手机上抬起头来。它可能还意味着跟你的员工预约一个你能完全专注在他身上的面谈时间。在倾听这个问题上，人们记住的不是你的目的，而是你的行动。

一般来说，内向者是更好的倾听者。约翰·皮图斯克维克是一位内向型专业工程师，他也赞成这个观点。约翰说内向者更擅长沉思和倾听，他说："你不是通过说话来了解情况，而是通过倾听。"他还认为很多外向者沟通不顺利是因为他们没有花时间来倾听对方的话。跟我遇到的大部分人一样，约翰认为这项技能是可以后天习得的。你在第4章看到过的内向型培训师凯文·霍斯特，不仅在演讲中有效利用了沉默，并且在实际工作的领导者职位使用了同样的技巧。他说大部分情况下，在向团队介绍完目标和时间范围后，他就会倾听团队成员的想法和建议。如果成员们离题太远，他就会沉默不语。凯文说他的团队现在非常了解他，他们知道他正在思考更多的或者不同的方法。

史蒂芬·比奇洛是一位运营主管，他的倾听风格灵活多变，不过他也经常采用凯文描述的这种技巧。他会把组织目标、项目目的和任务对团队和盘托出，然后让团队成员商量对策。他说，这个方法很奏效。他跟我观察过的很多高效领导者一样，根据具体的人和事采取不同的风格。"这要求我跳出自己的舒适区域，"凯文说，当他身边都是外向者或者一群完全的内向者时，他也会改变平时的倾听风格。跟外向者在一起时，他会提高自己参与和积极倾听的程度。

有意思的是，并非所有人都认为内向者是更好的倾听者。斯科特·比拉姆是一位内向的商务拓展主管，他认为性格内向并不会让人天生就擅长倾听。斯科特认为"人们对内向者倾诉和打开心扉，是因为内向者不太可能从负面挑战他们或者批判他们"。他觉得如果一个内向者能够"自信地驾驭倾听的力量，就会成为理想的经理或领导者人选。我一般情况下寡言少语，很安静，人们会对我畅所欲言。我几乎不问尖锐的问题，就能轻松获取信息，加以分析，然后在恰当的时机清楚地表达解决方向……我认为反思能够带来更高的观察意识"。

3. 读懂对方的表情

有个笑话：如何分辨出IT部门的外向者？就是那个盯着你的鞋子，

而不是盯着自己鞋子的人！无可否认，外向者在展示领域也需要加以改进。我们都应该多微笑。

你说这样太做作？想一想伟大的南非领袖纳尔逊·曼德拉（Nelson Mandela）的故事。很明显，他不是一个活泼有趣的演讲者。他在所有场合坚持做的就是绽放开朗的微笑。这表明他对南非白人并无恶意，并且向黑人选民传递了希望和胜利。曼德拉的微笑传递了他的信息。

难道你没有被领导者们的微笑所吸引吗？有时候在做高难度的瑜伽动作时，我的大脑和身体都处于紧绷状态，聪明的教练会建议我们面带微笑。很奇怪的是，移动这些面部肌肉的动作似乎让这个姿势也变得简单了一些。我不再纠结过去，也不再畏惧将来，我专注于当下。

前不久，我见到了一位仰慕已久的女性。她聪明、有远见，而且凡事总是全力以赴。然而不幸的是，在那次会面中，如果说目光能杀人的话，她简直就是在谋杀。整个会面过程中，她坐在那里一直板着脸。适时地微笑，比如在她与别人目光相对时，就能改变她在别人眼中难以接近的印象。

除了自己主动展现友好形象之外，擅长读懂别人的表情也是一个很大的优势。自从马尔科姆·格拉德威尔（Malcolm Gladwell）的著作《眨眼之间》（Blink）出版以来，人们对微表情的兴趣越来越高。他实际上推广了研究员保罗·艾克曼（Paul Ekman）的观点，后者在著作《解读情绪的密码》（Emotions Revealed）中教读者学会识别细微的面部表情。据艾克曼说，人类也许天生具有识别这些表情的能力，但是解读它们还需要一些帮助。

对内向者来说,增强表现自我情绪和读懂他人面部表情的能力,也许可能填补认知差异,减少紧张,专注于眼前。

你可以在读艾克曼的著作之前或之后做一个由他创建的情绪解析测试,这个测试表明,通过学习这些部分或细微的面部表情,你可以更好地了解别人。他甚至发现不同文化背景的人有同样的面部表情。作家丹尼尔·平克认为所有商业人士应该人手一本艾克曼的书,来帮助自己在商界驰骋。

领导多文化背景团队的领导者需要具备识别面部表情的能力。如果你看到一个人在微笑,但是你觉得他们实际上并不开心,就可以通过调查或观察来更好地了解实际情况。例如,去年在欧洲,我遇到了一群习惯使用更正式的演讲方式的人。他们一个个冷若冰霜。当我们的关系变得融洽之后,我发现他们的面部表情和身体都更加放松。我注视着他们的眼睛,并且意识到他们回应也越来越多。

总的来说,你可以通过委派工作、带着协调倾听和读懂对方的表情来进行展示。这些关键性策略会帮助你完善推动方法,从而让你带领团队取得更好的成就。

推动:不断提升自己的领导能力

以下推动技巧中也融合了准备和展示的方法。作为新上任的领导者,不要急着在短时间内扭转乾坤。回顾你在第3章做的自我评价,看看还有什么能加进你的领导计划。本部分列出了要并入你的领导计划中的一些推动策略:(1)充满自信地和下属沟通;(2)多与员工交谈;(3)直面冲突;(4)更多地了解组织。接下来我们会逐项解释。

1. 充满自信地和下属沟通

自信常常被人视为具有攻击倾向。它并不是欺负别人,而是直接、开放和坦诚的沟通。我的女儿杰西在很多地方当过服务员,她告诉过我那些点菜时富有攻击性的顾客的饭菜里都被动过什么手脚!另一方面,餐厅会错过那些不够自信的顾客给出直接反馈的机会。顾客没有得到满意的饭菜,餐厅也得不到改进服务的建议。

很多新上任的管理者会因为无法自信地取悦他人或避免冲突,结果给自己带来麻烦。不幸的是,怨恨和挫折会累积,导致消极抵抗行为。在职场上,这样的人会得到"那个混蛋"或者"来自地狱的老板"这样的恶名。其中一个这样的领导者塔米的团队流动性很大。她的话不多,但是一旦开口,就满是讽刺和尖刻的言辞,这导致了她的团队离职率特别高。

在生活和工作中,值得推荐的方式是用直接、开放和坦诚的方式来要求你需要的东西。希德·米尔斯坦在担任通用电气高管时,他在整个公司推行六西格玛的最初遇到了很多员工的抵触。在分享信息时,他总是清晰直接,每个人都了解接下来要做什么。如果有人有疑问,他也从不回避讨论。

通过观察那些在沟通上充满自信的领导者们,让自己自信起来。这个过程在工作之外的场合也可以练习。参加课程,观察榜样,磨炼这项技能。你身边的所有人都会因为你的改变而受益良多。

2. 多与员工交谈

20世纪80年代流行一种理论叫做MBWA，意思是走动式管理。这种理论的目的是鼓励管理者们走出自己的办公室，多与员工交谈。这在当时是一场大革命，但现在已经被社会接受。然而面对更多需要处理的复杂事务，这条原则虽然重要，有时候也无法得到执行。即使需要专门安排时间，也要与你的团队成员交谈。

艾米丽是一位内向的客服经理，她跟我谈到了自从升职为经理后，她就很少走出办公室的沮丧心情。她说："问题在于你总有工作报告要写，而沟通可以通过电子方式实现。"我的客户与那些至少每周跟他们沟通一次的管理者的关系最紧密。这些互动通常是项目进度更新，不过也可以包含"你妈妈怎么样了"这样的谈话。

我的一位前上司经常使用一个融合了展示和准备步骤的谈话辅助工具。乔恩会随身带一些索引卡，每张卡片最上方写着每位下属的名字。在回顾一周工作时，他会在卡片上写下反馈意见、具体问题，以及他的一些新想法。他会在休息时间找我们每个人谈话，用卡片上的笔记作为谈话议程。我们都开玩笑说乔恩太挑剔细节，但是实际上我们都很好奇这一周乔恩在我们的卡片上写了什么！除了准备充分、有效利用时间之外，乔恩让我们每个人都觉得受到了认可（4P中的展示策略）。

3. 直面冲突

冲突是指人与人之间的意见分歧。虽然这个定义本身并不消极，我们中的很多人在经历团队成员的反对、同事的推诿或者领导的质疑时，还是会感觉不舒服。记住，冲突的发生是自然的、必要的，也是正常的。实际上，一个问题的创造性解决方案通常是从意见分歧中产生的。

前文中提到过的商业拓展副总裁鲍勃·沙克曾经很激动地向我解释，他并不害怕冲突。他说会有"很多自我和观点参与其中"。鲍勃实际上通过拟订一个"稻草人"计划制造了一场"暴风雨"。他在邮件中向团队提出了这个计划，心里明白这会引发各种声势和讨论。经过多次来来回回的讨论后，他们达成了共识，开始行动。你也可以用冲突来激发有效行动，精心策划一个有效的对话过程来吸引团队中的内向者和外向者都参与进来。

建设性地管理冲突是个挑战。它也是管理者的一项必备技能。你不仅要管理来自不同文化和种族背景的人员，而且可能已经在跟全球的客户、代理商和合作商打交道。一位内向的荷兰经理告诉我，她在美国的团队对直接反馈更敏感，而荷兰员工则期望她能不断给出建设性意见。因此她需要对不同团队采取不同方法来提高效率。作为领导者，你在处理这种问题方面的信息储备越多，你就越可能成为行业佼佼者。

4. 更多地了解组织

扩大你的专业领域，了解更多关于你的组织和行业的信息。就像我们之前讨论过的和谐或大局话题一样，学会在你的团队的工作与组织的愿景之间建立联系。紧跟潮流，你才能提出关于发展方向的建议，供上级领导者参考开拓。在这个知识经济时代，你要靠自己带来的想法创造价值。

形成高度的组织洞察力。在专业领域下功夫，并且承担组织中其他部门的临时性任务。这些都会帮助加深你对自身和组织之间联系的理解和洞察力，而且你还会获得更多可见性。这样一来，你就能够把更大的愿景传达给你的团队。是的，这可能需要你从舒适区迈出一大步，但是你绝对不会后悔这些付出。

学着考虑那些对你的公司很重要的结果。也许是节约成本，或者增加利润。最重要的利润空间是什么？教育机构、政府和非营利组织有不同的衡量成功的指标。是更高的注册人数，还是更多的拨款资金？不管是开源还是节流，搞清楚对你们所有的客户来说，什么是最关键的。

练习：建立自己的支持体系

图5-1总结了你在练习增强领导能力时要采取的各个步骤。可以经常用它来回顾参考。

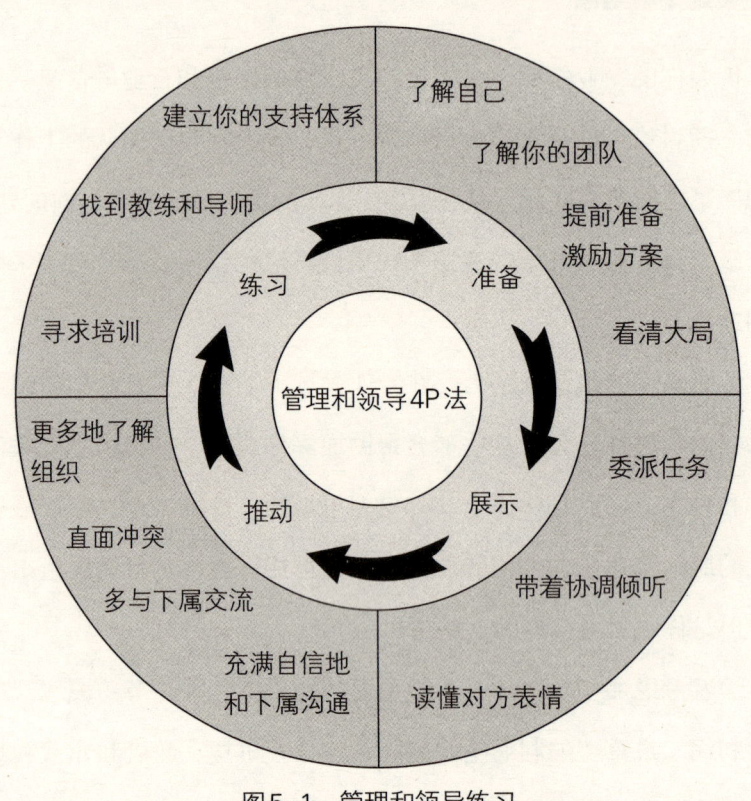

图5-1 管理和领导练习

在你身边建立一个支持体系。尽管独处时间很宝贵,你还是可以与你的非正式顾问团进行一对一的面谈和书面沟通。没有人能完全依靠自己的力量取得成功。你可以聘请教练,招募导师,依赖经验丰富的团队成员。我认识的一位内向女性为了避免冲突,推迟了跟一位员工的讨论。她咬着牙给她的教练发了一封简短的邮件,教练指导她参加了讨论,并且最终取得了顺利的进展。另外一个练习策略是为了取得成功参加培训。参加课堂培训和在线研讨可以帮助你练习这些技巧,并且从其他参与者那里获取大量不同的有用观点。

并不是所有人都能成为管理者。一位内向的人力资源副总裁分享说:"我从来就不觉得管理职位很自在,我更愿意做一个团队成员,做出自己的贡献。但是在责任感的驱动下,我克服了心里不自在的感觉!我劝说自己,这些都是个人发展和职业发展的机会。唉!"

我希望他会感觉所做的牺牲都是值得的。你需要决定你是否想要迈出那一步。你也许觉得你有激励他人的潜在才能。或许你觉得管理和领导工作需要付出太多精力,而且得到的回报并不值得你去冒这个险。但是你要记住,性格内向绝对不是回避那一步的理由。

6

内向者如何做好项目管理
Heading Up Projects

丹尼尔是一位经验丰富、沉默寡言的土木工程师。有一天，她接到经理的电话，让她去查看城市另一端的一个项目的进展情况。作为公司仅有的几名女性员工之一，她学会了走出自己的保护壳，而且总能得到男员工们的尊重。他们一起开玩笑、讨论购物，基本上相处得很融洽。丹尼尔开着自己的小货车来到建筑工地，叫工头鲍勃上车跟她一起去喝咖啡。当他们在高速公路上行驶时，鲍勃告诉她一个分包商未能按照约定时间供货。丹尼尔和鲍勃一起制订了一个计划确保让供应商负起责任。30分钟后，当她把鲍勃送回他的工作站时，他们两个都坚信这次的计划一定会见效。

也许不是在小货车上，你是否在其他非正式环境中进行过卓有成效的工作会谈呢？如果有，你可能会觉得这会让你和对方更容易敞开心扉。在一个轻松的环境中，你可以提问和获取信息，却不会让人感觉到威胁。从你领导的人员那里了解现状非常关键，这样你才能参与制定有效的解决方案，取得进展。项目管理的核心就是能够影响那些不主动向你汇报的人员，从而取得成果。作为一名强大的领导者，你需要有意愿跨出你的世界、在别人的地盘见面。

准备：项目经理必需的三项准备工作

项目管理（参见图6-1）是完成工作的一种主要方法。它诞生于信息技术领域，现在营销、财务、人力资源领域也都开始使用项目用语。完成一个项目需要多个职能部门人员的努力。项目管理技能一般包括培养社交技能、领导技能、技术能力和商业头脑。这进一步证明了，为人际互动做计划与理解有形领域（如成本管理和营业范围管理）具有同等的重要性。我们将重点介绍内向型项目经理取得成功所必需的项目管理人际技能和领导技能。

当你准备登上项目管理领导者职位时，你需要考虑以下成功策略：（1）必要的指导；（2）提升自己的信誉度；（3）清晰传达自己的要求。

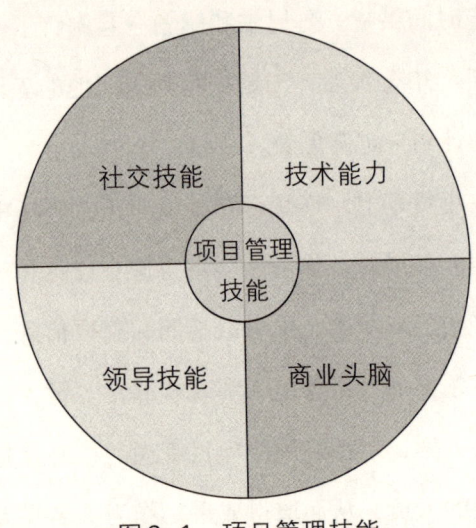

图6-1 项目管理技能

1. 必要的指导

我指导过的一位客户简说,她那位内向的项目经理最近给她帮了大忙,使她在这次项目中大展身手。这位项目经理先是鼓励简在会议前与她见面,浏览文件(4P中的准备策略),分析可能产生的结果,然后指导简了解每位团队成员的需求,并准备针对每位成员的提问。简觉得这些准备工作增加了她的勇气,经过这些指导,她为项目做出了更多的贡献。

项目管理专业人士(PMP)亚历克斯·布朗认为项目经理需要指导团队成员。在有些组织机构中,部门经理负责职业发展和建议,因此项目经理只负责项目具体事务。但是布朗认为,要想打造稳定的项目团队,项目经理必须能够解决复杂的人员矛盾,识别团队成员们各自不同的工作技能和发展需求。这些都需要谈判和指导能力。

2. 提升自己的信誉度

马克是一位讲话时总是和颜悦色的信息技术项目经理,他在一家大型会计师事务所工作,曾经参加过一次我的研讨会。他面临着一个左右为难的困境。在他主持的3次会议中,只有50%的受邀人员出席了会议。这让人无法接受,因为这些人必须出席会议并作出决策,而且项目工期已经落后于计划了。我了解到,马克并未在项目开始时与每位团队成员单独会面,而且他还忘记告诉团队成员他们的参与会对项目产生怎样的影响。他也没有跟他们谈过这个项目能为他们本人、他们所在的部门,以及整个组织带来什么好处。我建议他试着弥补损失,首先约每位团队成员谈话,了解他们缺席会议的原因(4P法中的准备策略)。如果不能充分了解团队成员们需要和关心什么,他就不可能对他们产生影响。在做好准备工作之后与他们谈话(4P法中的推动策略),他就能发现项目相关人员的需求和关注点。他们关注的根本问题是什么?作为一个内向者,马克更喜欢与人进行一对一的谈话,并且认真倾听对方说的话,这种方式对了解实情的过程很有帮助。可能他需要调整会议时间,也可能某个团队成员的直属上司还需要被说服,但是很明显,他需要先问问题,然后才能获得不同部门的支持。

表6-1 相关人员分析表

	1	2	3	4	5
谢恩					
查					
乔					
玛丽					
苏珊					

我建议马克进行相关人员分析。格式如表6-1所示。投入度的范围为从最低的1到最高的5。

他可以标出目前他在每位项目相关人员心目中的信誉度。他需要这些人的帮助来成功完成项目。他可以决定他需要这些人的参与程度(高参与度、中参与度或低参与度),然后计划如何提升自己的信誉度。他可以决定为说服每位成员参与进来所要付出的努力程度,以及对每位成员采取的不同的说服方法。谢恩可能只需要一封列出项目好处的邮件，而查可能需要一份商业案例和正式说明。这种方式可以帮助马克计划策略，预防将来可能出现的问题。

3. 清晰传达自己的要求

我曾经参加过一个在诸多方面都存在问题的志愿项目。虽然有整体目标，但任务归属不明确，没有设定检查节点，而且角色和职责也没有对应清楚。这让团队成员灰心丧气，项目成果也令人失望。

我也参与过时间和资源得到充分利用，因而大获成功的项目。我的那些专业从事项目管理的客户和同事说，最关键的是说出明确的期望。他们建议你弄清楚，最终目标是什么？如何衡量成果的实现？

项目管理专业人士艾丽卡·弗洛拉在 NexBio 生物制药公司担任项目经理。她说："如果你期待收到每周项目进展报告，你就应该在计划项目时就告诉大家。否则就无法让别人承担起这个责任。另外，明确地列出角色和职责，告诉大家每项任务的准确完成时间，这样谁在什么时间之前要完成什么就非常清楚了。作为一个内向者，这种方式帮助我和团队消除了由于担心之后还要跟进任务所带来的压力。"

书面沟通形式也可以避免大量的口头解释。我曾经跟一位在非营利机构工作的内向型管理人员交谈，她设计了一个非常有效的表格用来跟她的项目团队沟通。她制作的表格包含项目名称、计划完成日期、任务列表、参与人员、任务以及每件事的截止日期。她把表格发给每位成员询问反馈和修改意见，并且还在书面沟通中包含了"感激和鼓励的话"。另外,她还确保在项目进程中,大家遇到问题或障碍时能随时联系到她。

展示:掌握性格切换的开关

虽然做管理项目要求制订计划,因而需要留出独自专心工作的时间,但是同样有必要留出与员工面谈的时间。你应该与项目发起人、团队成员,以及其他受到项目影响的相关人员都保持沟通。这样才能管理好各种风险。

成功的技术专业人士和其他成功的内向型项目领导者学会了在内向和外向的性格之间转换,这样才能满足多层面的项目管理角色要求。他们在解决问题的机会中成长,而且不会回避当面沟通。实际上,他们了解与人沟通对取得成果的重要意义。

在项目管理中可以通过以下三种方式来表现展示的特征:(1)征求意见;(2)选择适合信息内容的交流方式;(3)学会切换开关。

1. 征求意见

作为一名内向型项目经理,艾丽卡·弗洛拉总是会考虑团队中内向成员的看法。她觉得如果不这样做,就会错过很多好点子。例如,她会绕着会议室叫出成员的名字,问他们有什么看法。她说人们需要感觉到自己的意见很重要。

一位经验丰富的内向型项目经理多格洛说:"我一般都得强迫自己

在公众和团体场合展示领导能力，我更喜欢待在幕后。但是作为项目领导者，有些特定时间必须这样做。我能非常平静地接受这一切。如果不明确提出要求，可能会影响我的领导效率。团队成员会觉得混乱或者缺乏方向（产生前面所说的认知差异），因此我需要有意识地比平时说得更多，来确保他们了解进展，项目正常进行。"

2. 选择适合信息内容的交流方式

在写作本书的过程中，我收到过一位记者的提问，当时他正在写一篇报道，主题是关于通过电子邮件被解雇的人们。显然有很多人是通过一封电子邮件收到那个坏消息的。我们中的大多数人可能都会一致认为，在这种情况下，至少打个电话来通知才是最合适的交流方式。

电子邮件在传递类似预约和数据等信息时非常有效，需要阅读的报告、商业案例和计划都很适合这种传递方式。文字短信和即时信息适合用于简短回复或者物流现场的统筹规划。

当你想提醒别人注意一封你已发送的邮件时，打电话是最佳选择；当你想与别人发展关系、建立信誉时，打电话也很有用。你的声音和语调比电子邮件更能传达需要积极强调的个人信息。我曾经收到过一位客户贾里德的语音信息，让我尽快给他回电话。我给他打电话之后，贾里德告诉我一位极敏感客户的问题，如果他在邮件里说这件事，我很有可能会误解实际问题。在我心目中，贾里德的可信赖度得到了迅速提升，因为他花时间考虑了我可能会做出的反应。

面对面的交流方式比较适合传达重要信息，例如之前提到的被解雇，开始一个项目，赞扬团队表现，或者解决问题和争端（见第8章，不做会议隐形人）。如果需要传达清晰明确的改进意见，这种方式也很有效，因为双方可以提出问题和解答疑问。当然，如果距离较远，就只能用电话沟通了。考虑使用网络摄像头来缩小远程工作关系的理解差距，很多人使用Skype和视频电话会议。如果预算允许的话，你还应该计划至少一次面对面的会谈。不要低估哪怕只是偶尔进行的当面对话的作用。

对内向型项目经理来说，应该有选择地进行自然的当面交谈。因为太多的互动会让内向者疲惫不堪。考虑一下"停下来聊几句"。在美剧《抑制热情》（Curb Your Enthusiasm）里的几集中，拉里·大卫抱怨了这种偶然遇到一个人然后不得不交谈的情景。大部分内向者似乎都不太喜欢这种肤浅的闲聊，因此你要决定什么时候这种交谈很重要，什么时候你要避免让内向型团队成员陷入这种他们不喜欢的场景。如果你很内向，观察你周围的人，看看你是否能调整你的行为，在日程安排中加入一些随意的"停下来聊几句"。

刊载在很多博客上的文章也发表了对谈话的反对意见。在一篇访问量很高的标题为《不再当外向者》（Passing as an Extrovert）的博文中，博主香农·卡尔瓦谈到了项目管理领域的这种交流。他写道："离开前线。我们是内向者，不是外向者。我们没有必要每天一直跟每个人说话。"他有什么建议呢？"找来一个外向型团队成员，"他说，"在项目管理中引入类似'前台与后台'的作业方法（不论这个工作是由一位团队领导还是两位项目经理来承担）能够产生惊人的成果。祝你好运，我的内向伙伴们，还有，别忘了：你再也不可以对那个一天之内第十五次来你的办公桌旁谈论他的盆栽植物的人大吼大叫了。"

3. 学会切换开关

项目表现与团队成员的性格组合有着直接的联系。在香港实施的一个有趣的调查研究中，20个软件团队的92名信息服务专业人士被要求提供各自对团队表现的看法。需要考虑的几个角度之一是该成员是内向者还是外向者。研究者发现，当团队领导与团队成员在性格上存在差异时，团队的表现会更好。这个角度比团队成员之间的性格差异还要重要。

那么这代表什么意思呢？很有可能是，了解团队成员的风格喜好有助于富有洞察力的团队领导者分配适合成员的工作，并根据成员的喜好来采取不同的激励方式。他们也可以挑选与自己风格互补的人员。

项目经理面临的一部分挑战和机遇在于，他们必须持续不停地转换不同的风格，才能成功领导团队。在与外向者和内向者打交道时，他们必须能够真正做到"切换开关"。他们必须依靠个人影响或他们的职位（我的权威要求你好好工作）来取得成果。一位项目经理唐娜·菲茨杰拉德（Donna Fitzgerald）分享了以下感受：

> 在了解外向者和内向者的区别后，灵活的项目经理就不需要在项目团队中推行一成不变的处理方法了。职能团队（一般是一群外向者）只要想要或者需要想到什么说什么时，就可以尽情开

会。而开发团队成员则坐在办公桌前，需要协作时就通过在线聊天工具讨论。这样需要两个团队同时参加的会议（项目进度会议等）就可以向中间目标靠拢。更少的开会次数、更短的会议时间、再加上清晰日程，其实会让两个团队都满意。

前面提到的项目经理多格洛通过限制报告的数量来管理外向者。她还学会了给外向者分配"大的社交场合和聊天任务。他们天生就会占用更多空间，参加活动时存在感更强，话也更多"。因此她采用共享型会议工具来获得更多平衡。多格洛说性格内向在谈判过程和赢得团队成员与合作伙伴支持方面具有重要价值。"我很擅长一对一的谈话，能够让人感觉被倾听，并建立起相互的信任关系。我不容易受干扰，也不喜欢同时处理多项任务，因此我能够专注于我们的谈话和互动，和我谈话的人都告诉我，这样感觉很好。而我的外向型同行则看起来总是更忙碌而高效地处理各种外部驱动的多重任务。"前面提到的那位内向型非营利机构项目经理补充说，她试着去欣赏外向者"大声说话"的优点。她有时候会要求他们小点儿声，或者限制他们聊天的时间，但是不会"在这个问题上太小题大做"，因为这种性格对整个部门也有积极影响。每天与团队的每位成员（内向者和外向者）联系带来了很大的改变。

推动：三个策略让你和同事打成一片

我一直都很崇拜成功的项目经理，因为他们能够和不懂技术的人顺利沟通。他们好像跟组织内外的人都保持着良好的关系。技术项目经理可能会认同作家戈拉和拉姆对项目管理的描写："处理人际关系的能力看起来比技术能力更能促进项目管理。"

他们推动自己在自己的舒适区域之外做出了优秀表现。那么让这些领导者出类拔萃的特别品质是什么呢？内向型项目领导者可以吸取哪些经验来推动自己的表现更上一层楼？以下是需要考虑的三个推动策略：（1）分享聚光灯；（2）应对改变；（3）欣赏幽默的价值。

1. 分享聚光灯

作为新上任的或者现任的项目经理，你可以在团队完成里程碑目标时找机会称赞团队。在有些公司文化中，经常会用蛋糕或披萨等食物来进行庆祝。也可以用你们公司的交流工具，诸如局域网或者简报来在公司内部通报最近达到的里程碑目标。一位项目经理告诉我，她会"在提前完成项目时大大庆祝一番"。

认可做出贡献的个人也非常重要。这对大家来说是个激励，而且在更实际的层面上来说，这还是通向未来的升职加薪的机会。《胡萝卜原则》（*The Carrot Principle*）的作者切斯特·埃尔顿（Chester Elton）说过："感觉到受重视和受肯定的员工更有可能全身心投入工作，为企业成功做出大的贡献。"

别忘了不是所有的团队成员都喜欢同样的赞扬方式。我曾经合作过的一些团队成员喜欢在员工会议上得到特别的口头嘉奖。而另一位我曾经合作过的研究员却并不想要公众认可，只希望我给他的老板和团队的高级领导者发邮件，向他们表达对他的赞扬。了解人们对回报方式的喜好很有帮助。为你的团队成员考虑的同时，别忘了肯定自己，需要时就停下来休息一下，充充电。

另外一种分享聚光灯的方法，是随着项目的进行，持续向项目相关人员提供最新项目进展信息，这将会展示你的能力。随时告知关键人物项目动态，这能够帮助你减少他们看不到你也想不到你时的认知差异。因此在你以安静稳定的方式带领团队的同时，别忘了也要表现自己。

2. 应对改变

如今，管理项目是在商业条件不断变化的背景下进行的。《项目管理再造：获取成功增长和创新的黄金法则》(*Reinventing Project Management*) 共同作者之一阿伦·申哈尔（Aaron Shenhar）曾经说过："依然有完全可以预测结果的项目存在。但是大部分项目是在一个非常不确定的情况下创建的……在任何一个项目中，你不能，我必须强调，你不能提前计划所有的事情，因为会发生太多变动。"

对于以管理项目为工作职责的你来说，这些话意味着什么呢？我们已经说过，你一定要与团队成员和所有相关人员经常进行清晰的沟通。提出问题，倾听疑虑，解释新的发展方向成为你职责中的关键部分。

这种频繁和持续的沟通能为内向者带来成长的契机。

在第4章告别公众演讲恐惧症中提到的一些推动策略可以帮助你提高沟通的舒适度，并且把你的信息传递出去。在变动的时代，这一点尤为重要。情况不确定时，人们会感到不安，会向他们的领导寻求信息和安慰。作为一个内向者，你的冷静、专注和细心准备能够帮助别人。为了增加信息的"黏性"，可以用照片和讲故事等创新方式让你的演讲充满生机。这是一个推动的步骤。例如，在内向型信息技术副总裁马丁·施米德勒参加了讲故事课程之后，我们聊起过这个课程对他的帮助。他很高兴能成功地将故事加到他的团队会议中，生动地说明了即将到来的公司变动。

主动与老板谈话。变动时期的另一个推动技巧是继续巩固你和老板之间的关系。你会更加了解公司的现状和未来的方向，以及你的部门将会受到什么影响。我的一位前任上司很擅长这个技巧，曾经及时调整我们团队的工作方向，不仅保住了我们的饭碗，而且让我们完成了后来证明对公司发展极为关键的业务。

3. 欣赏幽默的价值

维克托·博格（Victor Borge）说过："微笑是人与人之间最近的距离。"作为一个比较安静的团队领导者，你应该改变那些认为自己太过严肃或者只有"健谈者"才会大笑的想法。让别人听到你的想法，才能获得别人的合作意向。利用笑声和你有趣的一面来实现这个目标。

越来越多的组织开始认识到丹尼尔·平克在其著作《全新思维》（ A

Whole New Mind）中称之为"娱乐感"的重要性。平克在书中说,游戏、幽默和快乐在我们的新"概念时代"找到了正确位置。接下来,他说:"幽默可以是组织内部的黏合剂,这一点只要在茶水间跟同事分享过笑话,或者与同事在午餐时一起开怀大笑过的人都会明白。"平克引用了法比奥·萨拉（Fabio Sala）发表在《哈佛商业评论》（Harvard Business Review）上面的一份研究报告,该报告称"巧妙运用幽默能够润滑管理的车轮"。平克写道:"根据此项调查,最高效的管理人员使用幽默的频率是那些中等表现水平的管理人员的两倍。"看起来幽默和高情商之间似乎存在着某种联系。

这对安静的领导者意味着什么呢？人们在跟随你的领导。当你向人展露笑容时,你和团队能够享受这样几项好处:(1)团队成员发现你并不是一心只谈工作;(2)团队成员发现你也是个凡人;(3)这让他们感到心情愉悦。我发现,如果一个团队经常爆发笑声,这个团队就会更能容许犯错和承担风险。大笑可以缓解紧张和焦虑,而且大家都知道大笑可以增强人体免疫能力。想一想你曾经待过的气氛紧张的工作环境,再对比一下那些更为轻松有趣的工作环境。

我曾经在一家世界500强公司工作过,在那里,人们很少交谈,甚至在电梯里也没有眼神交流。这种闭塞的气氛弥漫在整个公司文化中,不出我所料,在那些紧闭着的办公室的门背后,人们过度关注办公室政治、八卦和其他毫无效率的行为。

即使你不是生来就会"尽情大笑"的那种人,你还是可以在项目中融入一些愉快和幽默的气氛，从而调动起内向者和外向者的积极性。外向者会积极作出回应，内向者则会让你惊喜。作为项目经理，你有布置团队舞台的权力。

以下是在项目中加入健康的幽默气氛的推动方法：

1. 准备早餐，为当月过生日的团队成员庆祝生日。

2. 准备"办公室大战的武器"，例如泡沫橡胶玩具、橡皮筋枪、气枪、摇头娃娃等。这些在网上很容易买到。

3. 组织团队外出活动，例如打保龄球。作家丹尼尔·平克建议去附近的儿童博物馆，这样可以活动大家的右脑。

4. 讨厌用正能量激励人心的口号的人可以看看这个网站：www.despair.com。他们有一件T恤产品上写着"看这件T恤的人比看你微博的人还多。"他们还有这样的标语："妥协——让我们尊重彼此的看法，不管你错得有多离谱。"再看看这张海报怎么样？一艘即将沉没的船旁边写着一行标语，"也许你的人生意义就在于警示他人。"我丈夫比尔早上喝咖啡用的马克杯叫作"悲观者的马克杯"。杯子中间画着一条横线，旁边写着"现在杯子一半是空的"。不管是内向者还是外向者，看到这个杯子都会微笑。

5. 看一看《301种在工作中找乐子的方法》和《另外301种在工作中找乐子的方法》，寻找更多灵感。

练习：持续练习，持续成长

作为项目经理，你每天都有很多机会来练习本章讨论的所有技巧。充分利用项目经理拥有的各种难得的学习机会，确保在你的计划中平衡软技能和硬技能，并且要记得，等式中有人存在的那一边才是你通向成功的关键因素。

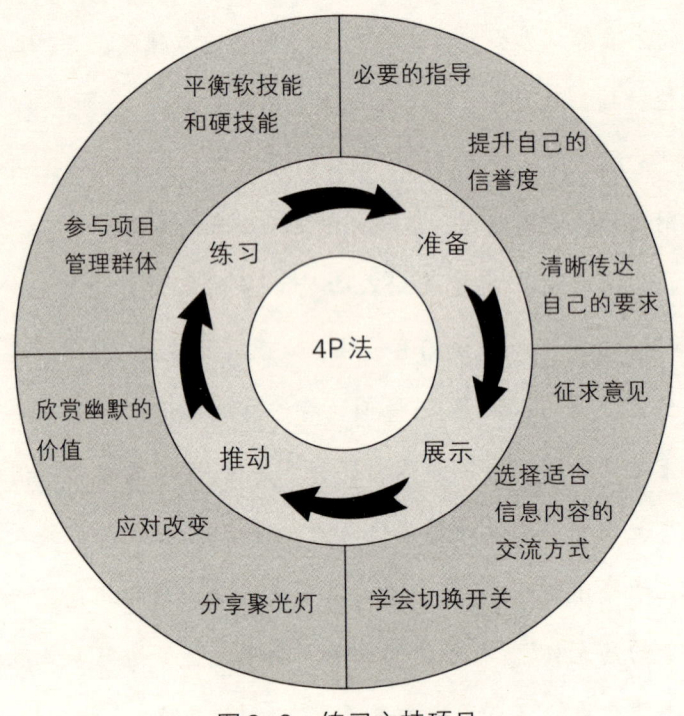

图6-2　练习主持项目

另外，寻找机会加入项目管理协会。全国到处都有类似的团体，既有"现场版"的也有网络上的。这样做可以让你紧跟潮流，为你提供持续的教育机会，并且帮助你形成可以得到反馈的有活力的人脉圈。图6-2总结了能够帮助内向型项目经理改善工作表现的各个步骤。

7

上司是用来管理的
Managing Up

吉姆是新上任的市场部主管，他还没来得及打开办公室的文件夹，下属们就一个接一个地进来找他了。他的这六位直接下属每人都有一份必不可少的预算申请清单。然而黛安娜却是个例外。与其他人相反，她坐在座位上看着同事们排队找吉姆。她曾经认真考虑过要不要跟着他们一起去，最终却决定等着吉姆来找自己。时间一周周过去了，吉姆并没有跟黛安娜面谈，糟糕的是，她也没有主动去找吉姆。毫无悬念，当预算批准结果出来时，黛安娜得到的预算比其他同事都要少。她的下属对这个决定很失望，而黛安娜当然尤为失望。当她最终去找吉姆时，已经太晚了：资金已经分配完毕。

虽然在有些情况下，等待观望是正确策略，但是在这个情况中，黛安娜的试探性行为却给她和她的下属带来了不利的后果。他们不仅没有得到所需的资金，而且还认为黛安娜是个软弱无能的领导。你是否曾经像黛安娜一样因为沉默而丧失了重要的机会？学会管理上司能够帮助你处理这种挑战。让我们来看看黛安娜下次面对这种情况时，应该采取哪些步骤。

以下是黛安娜采取4P法时的任务清单:

准备

- 调查吉姆的背景情况。使用搜索引擎,并且跟公司的其他人聊一聊,了解他在之前岗位上的沟通方式和领导风格。
- 跟直接下属碰面,优先排列最紧要的目标和预算需求。
- 为增加预算准备一份商业案例。
- 列出与吉姆面谈时要问的问题和谈话要点。
- 与吉姆约定面谈时间。

展示

- 在面谈时,陈述目的,即了解他,为他提供资源。也会谈到自己部门的需求。
- 倾听、提问,建立融洽关系。适应他的沟通方式(比如他是直截了当型的,还是更为自由不羁型的)。
- 讲述一个能够支持合理的预算需求的商业案例。
- 说明预算需求,并询问最终答复时间。
- 微笑,保持风度,并把谈话控制在时间范围之内。

推动

- 在承诺期限内询问吉姆审批结果。
- 告诉下属预算报批的进展以及其他相关的信息。

- 持续适时地跟进吉姆的答复。

练习

- 跟吉姆定期面谈。
- 继续向教练请教关于自己口头和书面展示的反馈意见。
- 练习向组织内的其他上司或同事要求自己需要的资源。

通过这些策略，黛安娜成功的概率将会大大增加。她对自己的目标将会更加明确和自信，而且，作为一名内向型领导者，她还能消除与上司和同事之间的认知差异。

让我们来看看你该如何与你的管理者的目的保持密切联系。不想玩政治手段？把这个当作正直的政治游戏。你怎样才能影响你的上司，从而形成更强大的合作关系，并且实现你和你所代表的人的目标呢？

"你不必喜欢或崇拜你的上司，你也不必憎恨他。但是，你必须管理他，这样他才能够帮助你取得成绩、成就，以及个人成功。"接下来我们来看看你该如何利用4P法来管理上司。

准备：用三类问题管理你的上司

你提出的问题带有强大的力量。我之前工作过的咨询公司的一位销售代表经常主动询问潜在客户一个问题："是什么问题让您晚上睡不着觉？"问这样的问题可以让你更加了解其他人担忧的事情，以及对他们来说最重要的事情，这样你就可以找到努力的方向了。

现代企业结构调整频繁，上司更换频率也很高，因此提出明确的问题就非常有益。以下是在开始正式合作之前，或者当你的工作方向不太明确时，你可以向上司提出的一些问题。

这些问题主要分为三类：（1）角色和目标；（2）风格；（3）个人发展。

1. 角色和目标类问题

这些问题关乎你的上司的目标、公司的目标，以及他认为你在整个大局中的位置。记住，你的工作是协助上司实现他的目标，而上司的工作则是协助他的上司实现目标。你应该首先通过调查尽可能多地了解关于公司、业务以及竞争格局的背景信息，这样你才能问出聪明的、开放式的问题。在谈话中，你们可以涉及以下这些问题。

- 您认为我们部门应该怎样支持公司愿景和战略？
- 您有没有目标文件提供给我参考？
- 您对我们公司现在的情况有什么看法？
- 我们在市场中的定位如何？
- 我们公司的优势是什么？缺点和威胁（风险）呢？
- 我们部门的优势是什么？缺点和威胁（风险）呢？
- 我们的成本、收入和利润目标分别是多少？您认为我该如何协助实现这些目标？
- 您的其他下属的目标与我的工作领域有什么联系？（注意：很少有人会问这个问题，这可能会帮助你发现一些可以跟其他部门协作的潜在领域。)

- 这些是我整理的可能会遇到或者正在面对的挑战。您认为我们应该如何解决这些问题呢？
- 在这种情况下，我需要这些方面的帮助。您可以在这方面提供支持吗？
- 您怎样衡量成功？（注意：询问30天、60天和90天及以上的衡量标准，如果还未制定目标，主动提出拟定目标草案。)

2. 风格类问题

明是我的一位客户。她告诉我，作为一位新员工，她刚刚收到一份来自经理的措辞严厉的审核意见。在我的追问下，她透露说，她的经理说她对待其他员工态度粗暴。我建议明，在接下来的一周，注意自己在办公室时说话的语气和面部的表情，我还建议她与人相处时要特别表现出耐心。一周结束时，她走进经理的办公室，问他是否注意到她的进步。经理愣了一下，一脸茫然地看着她，然后说他的管理方式是"没有消息就是好消息"。早点了解这种方式，会对明管理她的上司大有帮助。她就不会期待得到他的表扬，更不会在没有受到表扬时感到失望沮丧了。我建议她听取其他人，尤其是同事的反馈意见。我最近一次跟明联系时，她的工作进展顺利，而且她还在继续管理上司的期望。

个人性格和处事风格极其影响人与人之间的交流。作为一个内向者，你可能本来就喜欢观察别人的风格。设想你站在摄像机后面，拍摄一部名为《老板和我》的纪录片。他的办公室是什么样的？他在里面摆了家人照片、书，或者运动纪念品吗？他的桌子是整洁有序，还是乱七八糟？他喜欢用电话沟通还是喜欢发邮件？他更喜欢语音信息还是电子邮件？他是个喜欢面对面交流的外向者吗？他用的是最新款智能手机吗？他对行政人员的态度如何？所有这些信息都可以提供线索，帮助你成功地与他建立联系。

你的老板有什么样的世界观？比如说，他说话时注重事实和细节吗？例如，企业培训师迈拉·迈克尔哈尼说过，在跟分析型上司打交道时，你需要告诉他销售额上涨了23%，而不是说"这周表现很不错"。

他会在会议开始前几分钟开始准备，还是提前几天就准备？他走路速度怎么样？快还是慢？我的一位上司是精力充沛型的，我必须一路小跑下楼，才能跟上她的步伐。

他更注重大方向吗？他会在说话的同时画出他的想法吗？我的一位内向型客户把她的想法做成了正方形图表模型，然后带去找她的上司，结果她立刻就吸引了上司的注意力。要根据他们的提示做出反应。

3. 个人发展类问题

如果你不学习，就会失去动力，就无法对你的上司和职责全力付出。很多上司不是太忙，就是没有意识到职业发展谈话的重要性。我鼓励我的所有客户主动与上司约定时间，并且自己为这场谈话做好准备。你下一步要做什么？也许是学习新技能，了解公司的新业务，甚至可能是走上一条完全不同的职业道路。你要帮你的上司来了解如何帮助你，通过充分的准备让他能够轻松指导你。

我是在一个会议上遇到鲍勃·古德伊尔的。鲍勃是赛门铁克公司（Symantec）的一位内向的技术产品经理，他曾经鼓足勇气进行了一场重要会谈。有一天，他去见了公司副总裁，要求做出改变。鲍勃告诉我说："我以前真的是这么想的，我从大学的计算机科学专业毕业之后，接下来的人生都要坐在一个房间对着电脑编程，不会干别的……我一直都知道外面有叫做'客户'的人会真的花钱来买我做出来的产品，但是我不想出去跟他们说话，因为他们很吓人。你知道，他们可能会跟我说，我做的事情是错的，或者别的什么……但是当我第五次做同一个程序，只不过换了一种编程语言时，我反应过来了：等一下，如果我一直待在这儿，我就没有机会摆脱这些琐事了。我得干点儿不一样的，就在那个时候，我决定冒一次险。我从椅子上站起来，走到副总裁办公室，问他，还有像我这样的人能做的别的事情吗？"冒险得到了回报。鲍勃得到了销售培训和产品管理的工作机会，我最近一次见到他时，他面带微笑，正要出发去澳大利亚出差。

在本章第一部分，我们了解了角色和目标类问题。在找你的经理面谈时，还可以考虑谈谈以下跟你的个人发展相关的问题。

1. 我在这个职位可以利用哪些优势来帮助我的上司？
2. 哪些项目能够发挥我的才能和工作经验？
3. 我在哪些项目中可以学习新技能，获得新观点？
4. 上司有哪些宝贵知识、技能或经验值得我学习？
5. 我的上司愿意指导我吗？用什么方式？如果他觉得自己不是合适人选，那么他可以向我推荐其他专业人士吗？

展示：增强三项展示手段，上司对你另眼相看

定期与上司面谈很关键，因为他的优先事项可能会迅速转变，你也需要经常重新安排你自己的目标和任务。你可以通过增强展示来管理上司，这包括三个重要方面：（1）做你自己；（2）摘下唾手可得的果实；（3）不要抱怨。

1. 做你自己

虽然你要根据上司的管理和领导风格进行自我调整，但是你也要做自己。你们面谈时，一定要请上司对你工作表现的正反两个方面给出反馈意见。问他具体的反馈意见，准备明确的问题。如果幸运，你会遇到不需提示就能给出很好的反馈的上司。我发现大多数上司都不是这样的，但是他们都是可以训练的，而且如果你提出这些申请，他们甚至还会问你对他们的工作和行为有什么反馈意见。

要尊重你的经理的时间，保持注意力集中和明确的目标。考虑一下提前发送信息给他审阅，如果你的上司也是内向者，就更有必要这么做了。通过这种方式，你可以建立起相互信任。内向者斯科特·白诺姆建议说："不要拍马屁……应该开诚布公。这样你才能建立起信任感。"另外我发现有些人对高层领导心怀畏惧。曾担任考克斯企业公司（Cox Enterprises）工程执行副总裁的亚历克斯·贝斯特给出了以下建议："做你自己就好。逼着自己去见高层领导。时机合适时，跟他们闲聊几句，共进午餐。试着找到你们的共同点和兴趣爱好。一旦你意

识到他们其实跟你没什么差别，你就更容易理解他们的出发点，也更容易表达自己的观点。"

2. 摘下唾手可得的果实

当你开始新工作，或者换了新上司时，尽快做出成绩。找一些你短期内就能完成的轻松成果。你能迅速解决客户的问题，或者通过联系新的供货商来节省一些成本吗？一定要书面记录你的成就。管理者们看重结果，因此只要你能承担一些任务，发挥哪怕很小的可见的影响，你的上司就会注意到你。

3. 不要抱怨

带着解决方案而不是问题去找你的上司。上司期望你能毫无怨言地完成工作。来参加研讨会的路易斯是个技术专业人士，他觉得他受到了不公正待遇，才会失去上次的升职机会。他表现得像个受害者，并且期待他的上司能够处理他和团队的矛盾。路易斯说，团队成员令人沮丧，而且不愿意配合他的工作。他抱怨他们阻碍他完成可交付成果，并且每周都去向上司抱怨。上司为他提供了支持，但是路易斯并没有提出具体的想法。

管理者们希望你能处理这种问题。解决矛盾是一项承担责任的技能，它会影响你的上司是否认为你独立自主、积极主动。到了今天，我敢用现金打赌，路易斯不会被他的组织看作好的团队成员，也许他已经不是那里的员工了。他对消除认知差异没有做任何贡献。也许他被驱逐到地下室了，就像电影《上班一条虫》(Office Space)里面那个人际交往能力很差的米尔顿·瓦达姆斯一样。

推动：管理上司的界限

向上发起对话并不简单，但是放弃的话，你的工作需求就得不到满足。让我们来看看可以通过长期坚持来让这个过程变得更容易的推动策略：（1）大声说出来；（2）知道何时不能管理上司；（3）了解公司的变动。

1. 大声说出来

最近我见到了一位正在跟癌症抗争的安静的朋友萨莎，我知道她还担任着公司财务部门的经理。当我问她最近怎么样时，她说："谢谢你的关心。我还在坚持，而且很高兴我推动自己跟上司见面谈了一次。虽然我的上司在加州，而我在东海岸，而且医生建议我不要太着急，但是我觉得有必要和上司面对面谈一谈我的未来。他已经保证会保留我的职位，而且说公司一切都很好。但是我想看着他的眼睛，听他亲口告诉我，这样我才能知道他对我这次延长休假到底是怎么想的。我告诉他我的最新计划，还有我的治疗情况，谈话结果比我想象的要好。离开时，我很感激，并且很自豪自己主动开始了这次谈话。"

在稳固的合作关系中，给上司提供反馈意见也很重要。这既包括正面反馈，也包括改进意见。没有人可以在真空中工作，我们都有盲点。

随着管理者在组织中的职位升迁，会向他反馈他的行为对其他人有哪些影响的人也越来越少。因为害怕上司的反应而选择沉默可以确保你的安全，但是它也不会加强你与上司的合作关系。

那么怎样才是开始这种对话的正确方式呢？你可以简单地说："我可以给你一些反馈意见吗？"在行为或情况刚发生没多久时，选个合适的地点，记得要提出明确针对行为的意见。一定要给出替代建议。

我喜欢 SAR 方法，因为它很容易记住。首先描述具体情况（S），然后讲述你所采取的行动（A），以及这种行为产生的结果（R）。然后提供一个备选方案，以及这个备选方案会带来的结果。这是你对如何解决这个问题提出的建议。它的目的在于开诚布公地探讨如何做出建设性的改变，而不是追究和指责。

以下例子介绍了，如果你的上司在临近最后期限时才把任务安排给你，你应该如何利用 SAR 方法来向上司提出反馈意见。

情况——昨天我收到了你发来的每周报告，要求我下班之前完成。

行动——我按时完成了。不过因为时间太紧，我没来得及检验它的准确性。

结果——发出去的报告可能存在错误，会延误我们之后的流程进度。

备选方案——以后我希望能提前一天收到每周报告。

备选结果——这样我就能提交一份高质量、无差错的文件，让我们部门为之自豪。

你觉得怎么样？

（注意：你们讨论之后最终确定的解决方案或备选行动也许跟你提

出的有所不同。）

一位加拿大销售培训师凯利·罗伯逊分享了有益的见解对我们非常有帮助，"如果你跟你的经理之间存在异议，关键在于你要提出来。太多员工只是背后说坏话、发牢骚、抱怨上司，却很少采取行动解决问题。"他举了下面这个例子：

在上一份工作中，我被调到一个新经理的手下，他的工作风格与我之前的经理完全不同。除了要求我出现在办公室之外（我之前习惯每周有几天在家工作），我的新经理还开始插手我的具体工作。最后，我跟他坐下来谈了一次，告诉他如果他允许我按照之前的方式来工作，我将会怎样协助他实现他的目标，并且取得更好的个人成果。我也做出让步，同意向他汇报我负责的项目的进展。开始我每周给他发邮件，总结本周工作，列出下周的工作项目。到了后来，周总结邮件变成了月总结邮件。我在工作经历中学到的最有意思的事情，就是很多管理者并不知道他在员工心目中的印象是什么样的。

2. 知道何时不能管理上司

要注意的是，你的上司一定得是乐于接受反馈意见的那一种。如果你的经理感觉受到威胁，或者你所在的公司正处于混乱状态，给上司提建议可能就不太安全，甚至可能会毁了你的工作。在这种情况下，向公司内部的你尊敬的其他人寻求指导，来解决你的上司的问题，而且要记住，即使在这种情况下，你还是能学到很多东西。很多人在事后回想时，都觉得他们其实从工作效率不高的上司那里学到的最多。

另外一种不适合管理上司的情况是，上司所做的工作已经违背了道德规范。我曾经指导过一些员工，上司要求他们做各种不正当行为，从伪造公司文件到谎报出差费用。他们对上司提出质疑后，情况并没有改变，他们被迫向相关人员揭发汇报这些违规行为。一位非营利机构的管理人员安·鲍尔的上司对谁都不诚实，包括对他自己。他愤世嫉俗、幼稚、善变、自私自恋，而且缺乏职业道德。再多的"管理上司"举措也无法挽救这样的人。

如果处在以上那些信任已经破裂的情况之一，你可能会心情沮丧、缺乏动力。这时候你就应该考虑其他职业选择了。

3. 了解公司的变动

我之前说过，了解上司最优先考虑的三项任务可以帮助你管理自己的工作，帮助你决定集中精力完成哪些任务，以便尽最大努力支持你的上司。按照他的目标清单来工作可以让你们保持一致。

与上司沟通也会让你们保持关于公司变化的对话变得更畅通。你可以与他分享你听说到的别人的想法和动向。我在一次课程中教过一位内向的六西格玛黑带专业人士瑟奇，他分享了自己的经历。虽然入职时间不长，但是他赢得了上司对他的信任。瑟奇说，由于他与国际跨职能项目团队合作，所以能收集到宝贵的客户信息和发明创造等情报，然后再反馈给他的部门。这让他处在变革的最前沿。瑟奇很快就成为大家都喜欢的团队成员，他的上司也很感谢瑟奇能够帮助整个部门拓宽视野，增加存在感。

练习：管理上司是一门艺术，也是一门科学

管理上司是科学与艺术的综合（参见图7-1）。既有一定的规则，在实际执行时又有很大的自由。通过定期会面、提出问题和给出反馈，可以确保实现你们共同的目标。如果你的上司变成了另一个人，你应该抓住机会继续沟通。这可以帮你了解自己是否正在朝着正确的目标前进，如果与目标的方向不一致，自己要采取什么纠正措施，这也是你了解这些信息的唯一方式。

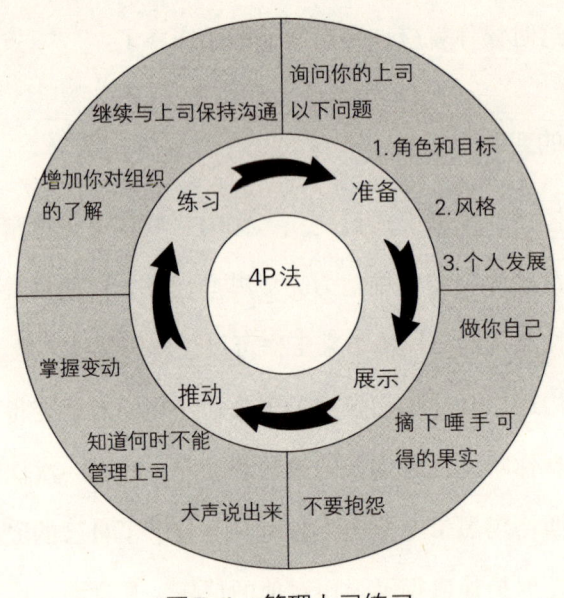

图7-1　管理上司练习

另外，随时加深对组织的了解，这样你的目标就能与公司保持一致的发展方向。在未来发展中，你将会成为你的上司最宝贵的合作伙伴。

8

不做会议隐形人
The Meeting Game

客户经理卡洛斯正在拨电话准备参加每周的电话会议。在最开始的寒暄阶段，他在心里给自己打气：这次会不一样的。参与电话会议的国际团队中有很多外向者，他经常觉得很难争取到领导对他的想法的关注，这次他下定决心要表达自己的想法。会议开始了，并按照议程迅速进行。轮到他进行工作汇报时，卡洛斯说得很流利，但是在讨论新营销计划的对话开始后，他发现自己由于过度准备反而不知从何说起了。等到他做好准备要开口时，其他人已经谈完这个问题了，卡洛斯失去了分享他在西部地区经验的机会。更糟糕的是，他还失去了被上司和同事注意到的机会。卡洛斯的目标是正确的，他的深思熟虑也是正确的，他的失败之处在于执行，没能及时站出来、鼓起勇气把他的想法说出来。

你是否曾经像卡洛斯一样在会议中像个隐形人？如果你是个内向者，沉默不语、感到害怕都很正常，尤其是周围全是外向者的情况下。当你的想法和付出没有得到认可时，你会蒙受以下损失：（1）你的贡献不被认可；（2）你的想法被别人抢先说出或者被别人操纵；（3）在别人眼中没有给团队增加价值。

你在会议中的表现会促进或阻碍你的职业发展。在霍夫斯拉特大学进行的一场研究中，从五位经理中选出四位，让他们根据对方在会议中的表现互相评价。87%的调查对象会基于一个人会议中的表现来衡量一个人的领导能力。这也会让个人受益，毕竟，谁想在一个无目标、无成果的会议上浪费时间呢？会开得有效果，组织才能受益。据估计，管理者有超过四分之一的工作时间都在开会，组织机构每年在没有成效的会议上的花费超过600亿美元！这真是对金钱和人力的极大浪费。

那么让我们来看看，作为一个内向型领导者，你该如何让你的会议产生效果。前面例子中提到的卡洛斯本可以利用4P法来奠定自己的地位。很多事他本可以用其他方式来处理。他本可以避免不知所措，在合适的时机插入他的评论，并且记下别人的一些观点，这样他的回答就会更加简洁、中肯又清晰。接下来我们将会介绍如何利用4P法来掌控会议。

准备：会议就像网球游戏

成功的内向型领导者为人际交往制定策略。把会议看作游戏会对你有所帮助，不是那种"背地里的办公室政治"，而是像网球那样的游戏。当你参与竞赛性的体育运动时，你首先要了解游戏。你必须先观看几场比赛，参加课程，掌握包括如何记分在内的各种规则。在你逐渐熟练的过程中，你也会学习如何评估你的对手，并且制定相应的策略。你可能会想："如果他们后方薄弱，我就要把球发到那里。"或者，"如果我发现他们在场地后半部分活动，我就要跑到球网附近。"这会让你成为一个强有力的参赛选手（在天生的能力基础上）。这与为一次会议做准备有相似之处。你需要在会议之前做的准备包括:(1)了解目的;(2)制定议程;(3)表达你的意见;(4)计划坐和站的位置。

会议"游戏"开始前

1. 了解目的

会议希望得到什么结果？是要向团队宣布一个决定，还是要团队接受一个决定？是要做出决定吗？目的是解决问题、提出想法、发泄感受，还是表彰成绩？如果没有通过这次会议要实现的清晰目标，那么就可以肯定这次会议一定会很低效，甚至无效。

你被要求参加会议的原因是什么？是出于习惯把你抄送在邀请名单上吗？如果是你的老板要你替他参加，你被授予决策权了吗？如果没有，那么你出席会议实际上会拖慢会议进度，因为还要等你的老板发话才能做决定。

2. 制定议程

参加没有议程的会议，就像乘坐没有声纳装置的轮船出海，没有任何参照或方法来衡量进度。你们会原地转圈，因为你可能觉得推动会议进程不是你的职责。但是如果你珍惜自己的时间和职业发展，这其实就是你的职责。你可以"管理上司"，问团队领导要一份会议议程，这样你就可以更好地准备，为会议做出更大的贡献。你也可以主动申请准备议程，然后交给你的经理或团队领导审阅。这是主动承担职责的好方法，同时也能帮你在会议中更有自信地发表自己的见解。

一位了解自己风格的内向者分享说："我以前的一位上司是个外向者，我开创了一个相当不错的方法……在重要会议开始前，他会来我的办公室给我一份书面提案。然后他就会离开，并且说，'我希望你看看这个。我5到10分钟之后再过来。'这个行动对我们双方都有很大帮助。他给我时间去独自研究这个问题，然后他再过来时，就可以自在地发表他的看法了。"

3. 表达你的意见

当你知道（1）你对会议的贡献，（2）会议期望的结果，以及（3）其他参会人员之后，你就可以制定你的策略和评论了。你还应该做好打算，在会议开始5分钟之内让别人听到你的首次发言。"表达你的意见"，因为等待的时间越久，你就会觉得它越重要，你会感觉你必须得说出一些豪言壮语或者完美见解才行。会议刚开始时，说句评论、提个问题，甚至是转述别人说过的话都要更容易一些，而且别人更会认为你做出了贡献。如果这个想法让你困扰，提前对着镜子练习发表见解。通过练习和保持专注，你一定会成功的。

4. 计划坐和站的位置

在现场会议中，明智选择你的座位。萤火虫便利化公司（Firefly Facilitation）的首席执行官金伯利·道格拉斯（Kimberly Douglas）建议你改变自己喜欢躲在角落里的习惯，坐在距离领导仅几个座位的地方。

电话会议呢？不要坐，要站着。是的，虽然人们看不到你，他们能从声音中听出你的状态。有研究证明，站着说话可以让声音更有活力，因为你的横膈膜会打开，而且会吸入更多氧气。另外提前进入会场。事先准备好参与领导者和其他成员在会议之前的闲聊。建立融洽关系对接下来的正式交换意见环节有极大的帮助，你的形象已经建立。接下来因为没有视觉提示，更重要的是利用你的声音和词汇在电话会议中表现优秀的沟通能力。

展示：玩转会议游戏

本部分介绍了玩转会议游戏的几种展示方法：（1）设定基本规则；（2）使用创造性技巧来吸引成员参与；（3）将头脑风暴与决策制定分开。

1. 设定基本规则

我们回到网球的例子。当我们玩类似网球的游戏时，最重要的是你的场上表现。也许风很大，或者你的脚踝受伤了，但是你还是要尽力去赢得比赛。同样的，在会议游戏中，客观情况可能不同，但是会议的成败最终还是要看会议的开展方式。如果你想确保你的会议更有成效，我建议你在下次会议中尝试一些基本规则。

基本规则（参见表8-1）是团队同意共同遵守的指导方针，可以帮助你更好地控制会议的流程。

以下是制定基本规则时需要考虑的问题。（1）考虑你们的道德文化和组织文化。例如，在亚洲国家，"提纲挈领式发言"的规则是行不通的。规则是鼓励达成共识，集体讨论。（2）讨论规则，获得团队成员的补充建议。要确保规则的措辞恰当，意义清晰，所有的人都能理解。

作为会议领导者，你可以通过对建议规则的举手表决来获得成员的同意。在会议最后可以留几分钟时间，让大家集思广益，为下次会议提出建议。要求每个人写下一条他们觉得这次会议好的方面，一条需要改进的方面。既可以写会议室的温度，也可以写项目的范围；你可以大声读出这些评论，如果有必要可以进一步确认评论的意思；你可以当时就提出改进建议，也可以在两次会议之间根据反馈意见进行调整。

表8-1 基本规则范例

- 基本规则范例
- 准时——会议的开始和结束时间，中场休息返回时间，议程事项的时间
- 参与——既要开口，也要动脑
- 表现出尊重——不在旁边随意说话，一次只允许一个人发言
- 手机调成静音——振动也不允许
- 禁用电脑——因为它会转移对会议的注意力
- 提纲挈领式发言——专注主要观点
- 保密——会议室内的所有谈话内容不得外传
- 沉默——给我们留出时间整理各种想法

要有强制执行这些规则的意愿。我知道的一个团队制定了准时的基本规则。他们决定一旦会议开始就锁门。所有人都同意了，接下来的会议就锁上了门，毫不意外，有几名团队成员被锁在门外，而且很吃惊。以后的会议，他们都准时到场了！

2. 使用创造性技巧来吸引成员参与

优秀的网球教练会采用各种各样的训练方法来提高选手的技能。团队领导者也会做同样的事情，除了其他练习，他们会针对内向者的偏好开展"右脑"策略。我们都很熟悉头脑风暴，有一种叫作"脑力记录法"的方法，是头脑风暴的变体，对内向者很有效果。把问题写在一张纸的最上方，下方空白处用来写解决方案。把这张纸在所有参会人员中挨个传递。第一个人在纸上写下他的想法，第二个人可以对此做补充，也可以写一个新的想法，或者两项都写。这样收集到的想法要比口头交流时的想法更有活力。大脑有时间思考，并且还能受到其他想法的刺激。可以查阅网站 www.aboutyouinc.com，寻找更多同时适用于内向者和外向者的头脑风暴技巧。

3. 将头脑风暴与决策制定分开

由于内向者通常需要时间来处理信息，然后才能进行权衡，宜安排中间有时间间隔的两次会议来分别完成这两项工作。如果时间紧急，或者会议持续一天的话，延长中场休息，给大家留足不在会议桌的时间。这在总体上是个好主意，因为大脑的右半球负责创意和情感，与负责逻辑处理和逻辑思考的左半球是分开运转的，中场休息可以让我们均衡整个大脑的活动能力。

马丁·施米德勒跟他的团队成员找到了一种处理这个问题的方法。当他们需要他做决定时，他会给自己争取一些时间，告诉他们他第二天会给他们答复。大家一般对这个回答都没有疑问。"我就是这样确定想法的。"他说。

推动：三个策略提升会议质量

考虑以下三方面的推动策略来把你的会议提升到新的高度：(1)科技亦敌亦友；(2)参与其中；(3)参加讨论。

1. 科技亦敌亦友

在训练时，我的网球教练会带来橙色的锥形标志摆在场内，鼓励我们把球随意发到场内。但是到了比赛时，所有的道具都会撤掉，我们需要专注于比赛本身。科技就像标志锥一样，在会议时会严重分散注意力，不管是外向者还是内向者都会因此而分心。很多内向者都习惯于通过电子邮件、即时通讯、文字信息和社交网站来沟通，他们在会议上可能也会因为这些工具分散注意力。

然而，也有人持反对意见。在一些组织中，员工不允许带笔记本电脑进入会议室。发表在《洛杉矶时报》(*L.A. Times*)上的一篇文章将这种方法称为"无上装"。在这篇文章中，爱狗者网站（Dogster Inc.）的联合创始人约翰·瓦尔斯（John Vars）认为带电脑进会议室"违背与他们想打造合作文化的初衷。就算人们只是做笔记，他们也无法做出自然的人类反应，表明他们正在聆听讲话者的发言。这会导致厌恶情绪……现在人们能够更好地沟通，会议流程也进展得更快。"一位客户告诉我，他的团队有一条电话会议"不能按静音键"的规则，这样可以避免参会人员处理多项任务，鼓励他们更多地投入会议。

在会议中使用科技手段甚至会导致销售损失。我听说在一次电话会议中，在客户正在说话时，几个员工想到了一个好点子。他们决定暂时不听客户发言，自行讨论"他们的绝妙建议"，却不知道正在他们讨论时，那位客户提出了完全相同的点子。当他们回到电话会议中讲述他们的创新概念时，客户发现他们刚才完全没听他说话，这让他们非常尴尬，不得不拼命补救。

另一方面，科技可以成为会议的帮手。玛丽·奥尔（Mary Orr）是一家财富500强公司的营销经理，她跟我讲了她利用即时通讯的成功经验。她说，参会人员通常会互相发一条简短的即时信息或者短信，从而确保当他们向客户或者高级主管推介新点子时，彼此意见一致。这是一种"科技签到"。她和同事觉得这是保持联系、简化交流的一种很好的方法。

诸如网络会议、网络摄像头和虚拟教室等虚拟科技的发展促进了互动和视觉辅助的出现。这些服务具有高度互动性，因为它们考虑到了会议领导者们对即时反馈的需求。内向者使用这些科技手段时更加舒心，因为他们可以采用书面形式、以他们更适应的节奏来进行回复。另一方面，不需要与人接触的相对安全感可能会减少参与度和可见性。推动自己保持现场展示，每隔一定的时间提出一些问题，发表自己的看法，并且对这些虚拟会议中经常包含的在线调查做出回复。

2. 参与其中

内向者喜欢倾听和观察的特点在这里能够帮上忙。首先，你可以观察自己；你真的在认真参与，还是已经神游天外？是否某些成员支配了会议的言论走向？推动自己发言，并且引导他人参与讨论。毕竟召开会议的目的就是获得所有人的智慧结晶。如果你是会议领导者，你可以开始管理。表8–2列出了一些实用的推动策略，你可以尝试实践一下或者以参会人员的身份推荐给会议领导者。

表8–2　参与技巧

- 参与技巧
- 志愿担任会议记录、计时等工作。
- 如果有人一段时间内未发言，叫他们的名字，问他们有什么想法。
- 提出一个问题，并安排回答方式。告诉大家每个人有2分钟时间来谈自己对这个话题的看法，并且控制时间。
- 在电话会议和视频会议中，按照从东到西的地理位置或者名字的字母顺序来发言。使用白板功能让大家知道各自的位置。要求大家参与某个话题的讨论。
- 写下来。不管是现场会议还是远程会议，在讨论开始前，给大家2到3分钟时间写下自己的想法。你可以利用会议科技工具来分享各自的回复。外向者可能会不太耐烦，但是他们还是能忍受的。你会发现这样得到的想法更加丰富。上次会议，我在思考环节放了一些轻柔的音乐，效果特别好！
- 把团队分成几个更小的组（每组4到6人）来讨论问题并提交答复。你会感觉会议室的气氛明显热闹了不少，而且还能听到内向者发言的声音。我已经几百次尝试过这种做法，这是个万无一失的提高参与度的方法。

3. 参加讨论

就像前面例子提到的卡洛斯一样，推动还意味着不顾其他发言者的反对，说出自己的看法。准备好你的论据，在需要时插入谈话。以下是成功的内向型领导者分享的推动技巧，应对其他人发言过多的情况。

应对会议健谈者的技巧

不要微笑或点头表示赞同，这只会助长谈话者继续长篇大论下去。要保持不做反应。

不要因为沮丧与对方比谁的声音大。主动提出单独讨论或者等大家都冷静下来再讨论某个问题。

举手做出停止的手势，尤其是某个发言者持续不断说话时。然后说："我想说几句。"

如果被别人打断，向新闻节目分屏画面中的专家评论员学习。大声说："我正在说话，希望你能听我说完我的想法。"

做好准备，自信地发表自己的评论。"看着他们的眼睛，"前进美国公司（Advance America）帮助中心运营主管特里纳·汤普森（Trina Thompson）说，"如果你没准备好，他们能感觉得到。"

如果你在会上错过了发言机会，不要犹豫，会后单独找人谈话。特里纳发现"侧边栏也总比什么都没有强"。这样他们就会知道你能贡献想法，下次他们就会更愿意听你在会上发言，在会后咨询你的意见，因为他们知道你能贡献想法。

练习：成为会议主题专家

想象这样的画面：你在参加会议，你的想法很受重视，人人都想让你去他们的团队。行动项目得到执行，项目得以推进。当公司内外的同事越来越多地关注你，你的职业发展将会受益良多。你被视为超人，因为你解放了大家，让他们不用再在会议上耗费精力，用节省出来的时间完成实际工作。你的公司因高效会议节省百万美元的成本支出。

这听起来像是白日梦吗？它是可能的，甚至会发生的，只要你愿意练习会议游戏技能（参见图8-1）。

你可以成为会议主题专家。大部分技术人员对主题专家这个概念并不陌生。因为组织内的大部分人似乎并不了解基本的会议管理原则，为什么不换个方式来开会呢？你可以制定议程、设定基本规则，采用我们已经讨论过的参与技巧。这些小的改变都能够带来很大的不同，可以让你们的会议加快进度。

拿最近的客户雅尼娜来说吧。她经过多次的升职加薪之后，如今是一家大型无线电话供应商的IT主管。雅尼娜曾经和一群开会极其混乱的同事合作，有时候，人们甚至会在会上互相大吼。她没有参与大喊大叫，虽然她也有那个实力。雅尼娜感到很沮丧，因为她知道会议不应该让人筋疲力尽，她觉得必须采取行动。

首先，雅尼娜与团队领导私下见面，建议他为下次会议制定一些基本规则。他同意了，并且取得了团队支持。雅尼娜告诉我，基本规则"一次只允许一个人发言"在列表中得到的投票数非常多。大家开始倾听彼此的想法。慢慢地，会议开始回到正轨。虽然他们对很多问题的看法还有分歧，基本原则帮他们解决了这些分歧。

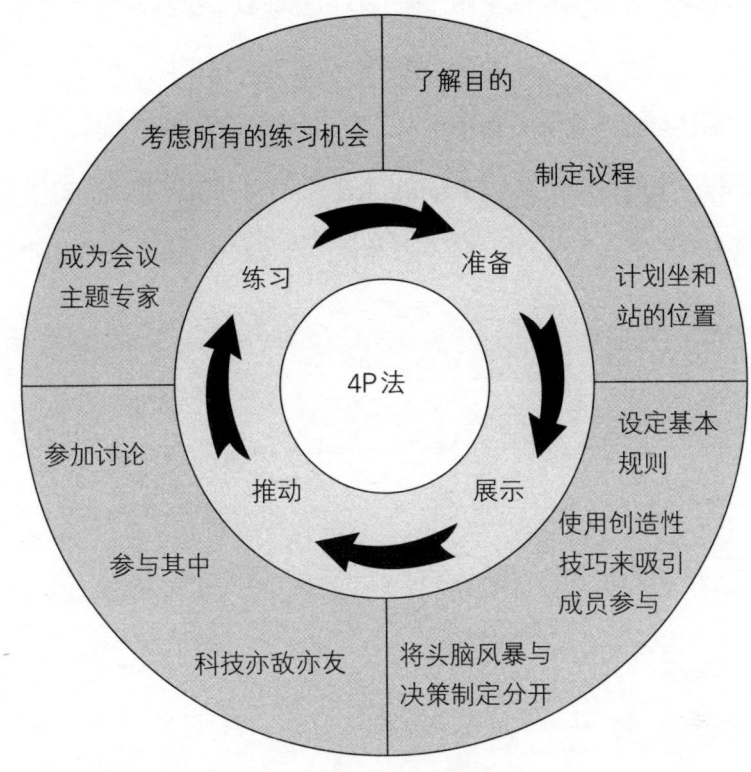

图8-1 会议游戏练习

作为进程的第二步，雅尼娜主动协调组织了一系列的互动培训项目，这样整个部门各个级别的人员都能聚到一起。她认为，时间和项目管理的主题培训可以帮助他们培养必要的技能。不过，最后她觉得最大的成功却是得到了一些机会，可以让大家在轻松愉快的气氛下展开讨论。

当这个曾经彼此充满敌意的团队尝试着齐心合力建成一座高塔时，我有幸协助组织了他们的第一次会议。团队成员有说有笑，我想，如果不是这位高效的内向型领导者推动自己改变了以往的工作风格，这一切都不会发生。

不论从事什么类型的工作，你的身边都会有很多练习会议技巧的机会。考虑志愿者组织或体育运动组织中的机会，这样你就可以使用会议技巧。你还可以在家庭聚会中练习。罗伯托·瓦尔加斯（Roberto Vargas）在其著作《家庭行动主义》（*Family Activism*）中介绍了如何利用会议组织工具来增强家人之间的感情。一旦你成为会议高手，你不会再想回头的。

9
内向者如何建立自己的人脉网
Building Relationships

故事发生在夏威夷的一个舒适怡人的度假胜地举行的年度客户招待会上。新入职的IT客户经理约翰迅速从机场的行李传送带上取下他的行李箱，走向出租车等候区。他发现很多同事在等高尔夫俱乐部的车。不过因为以前只打过几次高尔夫，约翰觉得自己的水平太次，会让那些高尔夫高手们笑话。因此约翰打算，那天下午别人在高尔夫球场打后九洞时，他要跑跑步，睡个午觉。

　　他按照计划执行了，并且在第二天早上神清气爽地参加了新产品展示会。然而，约翰很快就发现他听不懂来自前一天外出活动时的一些笑话。而且很显然，在高尔夫球场上，他们已经讨论过客户关于产品特点的一些顾虑，因为很多人都提到了这些。他觉得自己从一开始就落在别人的后面。原来，约翰没有意识到在这个公司，有些不成文的规定，其中就包括要参与高尔夫等"非正式"活动。他需要补补课了。

　　你是否发现有些事情在"会议之前的会议"就已经决定了？在这些重要的会议之前的活动中，大家分享了信息，增强了联系，并且做出了决定。在现代商业社会，高尔夫球场、公司健身房或者附近的咖啡馆都会成为这种活动的背景场所。

公路赛、自行车赛等由企业赞助的社区活动和仁人家园（Habitat for Humanity）等志愿者项目也会是非正式讨论可能发生的地方。研讨会和贸易展览也是在正式场合之外达成协议的其他渠道。

作为一个内向者，每当这样的融入人群的机会出现时，你也许会进入"关机"模式。当人们说到"不会聊天就会失败"这样的话时，你也会感到尴尬不安。建立人际关系网就是建立相互交流的关系。它非常必要，但是对大部分内向者来说却很不自然。

杰·康佳和N.安纳德在一篇名为《完美人际网络专家的能力》的精彩文章中写道："在我们的调查中，最擅长人际关系的经理无一例外地都告诉我们，他们在发展人际交往技能方面非常努力。需要他们付出大量的时间和专注力……这并不是少数幸运儿天生就有的能力。"内向者通过努力也能够建立起优秀的人际关系。内向和社交并不是互相排斥的。让我们来看看你可以如何利用4P法建立关系。

准备：知己知彼方能无往不胜

为建立关系做准备意味着你应该：（1）了解你的目的；（2）计划你能提供什么；（3）计划你需要得到什么；（4）利用社交网络做好准备；（5）战胜消极自我暗示。

1. 了解你的目的

如果你不知道要去哪里，就只能随波逐流，无所适从。在我们的例子中，约翰本应该很清楚自己通过参加这次活动想要得到什么样的结果。也许他想了解客户马里奥的需求，或者了解凯瑟琳对他的服务领域回复时间的具体问题。

你应该把谁当作社交对象？应关注那些在会议中有影响力的人。找机会跟他们聊一下，一起吃顿饭，并在鸡尾酒会上找出他们当中的关键人物。这些人能够决定如何评价你的表现，并且影响他人。

社交场合也可以成为你了解其他人个人风格的一扇窗口。例如，打高尔夫球的人告诉过我，比起工作场合，在高尔夫球场这样的轻松场合更能了解一个人的价值观。我曾经听说过有人因为没打中球就乱挥球棒或者做出其他失礼行为，从而搞砸了他的商业合同。我的同事汤姆告诉我，每次公司开招待酒会，有位客户就会喝得烂醉。汤姆后来发现，要谈新生意就要绕开这位客户。汤姆是个内向者，同时又擅长观察别人的行为，他学会了在这种情况下不要把哪些人当成目标客户。

如果之前例子中提到的约翰能够提前写下这次招待活动的目标，他的经历可能就会大不相同。他的动机和注意力就会更多地花在倾听和了解客户具体需求上。考虑到大部分人都会去打高尔夫球，他也许会选择参与打高尔夫球，或者在他们打完球后与他们碰面。他可以借此机会收集有用信息，帮他的公司解决客户担忧的问题。

内向者告诉我，在为酒吧、会议室或电梯的临时会谈做准备时，提前写下自己的安排和问题至关重要。如果脑子里已经准备好了问题，约翰就可以将社交应酬谈话转变为获得重要问题的答复的谈话。

2. 计划你能提供什么

联系是一个互相交流的过程，因此你首先要了解你能在互动中给别人提供什么。考虑工作相关和工作之外的所有资源、信息、经验、专业知识和想法。你是否发现了一种类似Skype那样很酷的新科技工具，可以分享给别人？你是否曾经花一天时间去参观一个孩子们都很喜欢的新开的儿童博物馆？你是否尝试过瑜伽，并且发现了一些可以与别人分享的乐趣？最近你学到的新东西有哪些让你很着迷？最近看了什么让你着迷的书或电影吗？就算别人这次没有采纳你的建议，他们也会知道如果以后需要这方面的信息或资源，可以来找你。所以你要讲出来。当你谈到自己的兴趣爱好时，可能会生机勃勃、充满热情，你也可能会遇见更真实、更有深度的人。表现自己最好的一面会让别人愿意跟你继续聊下去，而不是尽快结束对话。

3. 计划你需要得到什么

考虑好要为别人提供什么之后，再想一想你自己需要什么。此刻在你的生活中，你需要哪些资源、信息或专业知识？在脑子中想出一系列具有弹性的需求，并且准备好随着谈话进展提出相关的问题。就像约翰本可以准备好在高尔夫球场上向客户提出的具体问题一样，你也应该针对你的目标准备相应的问题。

你想了解什么？我的一位内向同事向我诉说了他在工作中遇到的障碍。他通过分析发现，障碍的根源在于他自己总是回避冲突，他请我推荐一些课程和书籍，以便增强他果断沟通的能力。我很高兴他能告诉我具体怎么帮助他。

工作之外的生活呢？假设你和伴侣都从事全职工作，而且你们两个工作都很忙。你了解到你的客户也是同样的情况，那么你就可以问问他们是怎么挤出时间来准备三餐的。

即使你没有找到解决问题的确切答案，通过展示自己的需求，你们之间的联系上升了一个新的水平。对方不再只是你的用户和客户，你们都是在繁忙生活的起起落落中辛苦谋生的普通人。当然，你需要试探对方是否愿意讨论工作之外的事务，不过我发现大部分人都很乐意与人探讨该如何解决在根本上影响到自己的问题。

4. 利用社交网络做好准备

科技的好处在于，它可以让初次拜访显得不那么冒昧和冷冰冰。社区经理丹尼尔·马丁发现社交网站是内向者可以在与客户见面之前做准备很好的工具。他说："我的团队有两个特别内向的员工。其中一个的销售额总是位居前列。他们会利用在线社交网络与客户营造一种'熟络的'关系，尽管他们还没有进行任何私人联系。他们会给客户寄送一份活动邀请或报告，然后跟着发送一封电子邮件，这样你就有了一个不带有任何威胁意味的借口来介绍自己，你可以说：'你收到……的邀请函了吗？'，或者'史密斯先生，我想确认一下您是否收到了……'这份邀请或报告本身应该具有一定的价值，不过通常情况下更重要的是，这样做会打破内向者对与人联系的恐惧或犹豫。"一位内向型主管格里·曼分享说："既要准备好提问（'你的工作最有意思的部分是什么？'），也要准备好谈论自己（'我喜欢用巧克力包裹的莓果。'）和你的兴趣爱好（'我喜欢收集外语地图。'）。找到你们的共同兴趣，然后就此展开谈话；或者找到你们的不同之处（'我从来没有潜过水，最难学的部分是什么？'），并且学到一些新东西。"在本书的写作过程中，脸谱（Facebook）、领英（LinkedIn）等社交网站正在逐渐流行。将这些纳入你的社交策略，但是别让它们替代了面对面的接触。

5. 战胜消极自我暗示

通常情况下，阻挡我们勇敢前行的是我们脑子里自暴自弃的想法（参见表9-1）。我们每个人都要找到方法来战胜这些恐惧，不然它们可能会阻碍我们建立社交关系。首先我们要清楚这些想法是什么，然后需要审视这些想法是否真的正确，接下来的过程就是用积极正面的想法替代这些消极负面的想法。

让我们看看之前例子中提到的约翰脑子中的消极想法，以及可以替代这些的积极想法。

诀窍在于当你被脑子里的消极思想劫持时，你要及时意识到这一点。可以问自己："关于这个，我是怎么跟自己说的？"然后试着用积极的声音来反驳这些消极的想法。

如果你在准备阶段就完成了这种思想转变，大部分工作就已经完成了。总的来说，花时间搞清楚你的目的，计划你能提供给别人什么和自己需要从别人那里得到什么，提前利用社交网络等科技手段暖场，并且用积极的想法替代消极的自我暗示。另外别忘了在参加社交为主的活动之前，花些时间给自己充满电。跟那些通过人际互动可以充电的外向型同事不同，你的电池需要独处的时间来重新充满电。

表9-1 克服消极的自我暗示

消极的自我暗示	替换想法
我不会打高尔夫。	我可以去学。或者有的人跟我一样，不擅长打高尔夫球。或者不试怎么知道行不行。
跟别人闲聊会让我觉得不自在。	要是提前准备一些问题，我会感觉更自在。或者我可以提前做些调查，了解我的高尔夫球队友。(例如：他们有孩子吗？如果有，孩子多大了？他们养宠物吗？他们住在哪里？他们打高尔夫球有多长时间了？)
没有一起去打高尔夫，我觉得很不安。	我不一定非要打球。我可以先去跑步。
可我不喜欢高尔夫。我为什么要因为大家都去就也一起去呢？	然后再找他们一起喝一杯，听听有什么最新消息。我可以在那找机会跟马里奥或者凯瑟琳聊一聊。

展示：重要的是沟通，不需要闲聊

你准备好去社交了吗？还是像赛门铁克公司技术产品经理鲍勃·古德伊尔一样准备好去"忍受一切"？他说："那（与人交谈）只是工作的一部分。"培训师沙伦·席尔林格（Sharon Schierling）说："对内向者来说，跟一大群人社交就像拿滚烫的针头去戳他们的眼睛一样，不过大部分内向者都很擅长一对一的交流。"

本部分介绍了一些给顾客和客户留下良好印象的方法。做好以下四件重要的事,你就可以提升自己的展示能力了:(1)倾听;(2)进行实质性谈话,而不是闲聊;(3)互相告知姓名;(4)回答"你是做什么的"这个问题。

1. 倾听

人际关系学大师戴尔·卡耐基曾经说过:"如果你对别人感兴趣,那么你在两个月内交到的朋友会比总是试图让别人对你感兴趣时的两年时间交到的朋友还要多。"因为内向者注重深度甚于广度,并且擅长倾听,他们可以在这项倾听优势的基础上,展开谈话了解到别人真正的兴趣。事先准备的问题会帮助你更好地倾听。

我的丈夫比尔是一位内向的教授。我经常在城里碰到他以前教过的学生,他们通常会先提到他那奇特的幽默感。接下来,他们会给我讲他真诚地关心学生的故事。一个学生告诉我,比尔如何帮他选择了职业;另一个学生给我讲了比尔如何帮他集中精力解决了个人的难题。虽然从外表很难看清比尔的内心,甚至有时候会让人觉得他很冷淡,但是他的内心其实很温柔和善。他的内向性格有时候会让人产生误解,但是人们会发现他善于聆听和交心。这是一笔巨大的财富,显然这一点给他教过的学生留下了难忘的印象。

2. 进行实质性谈话，而不是闲聊

与随意闲聊相反，实质性谈话更能够真正地建立人与人之间的联系。对话刚开始时可能是一些小话题（比如说谈论天气），但是接下来你可以把对话转到双方都感兴趣的话题上。例如，有一次我跟人谈起了我家附近刚刚发生的几次龙卷风。和我谈话的男士接着向我详细描述了这几次灾难事件，我们都对龙卷风给附近地区造成的危害感到难过。接下来我把话题转到了美国有线电视新闻网（CNN），以便跟他分享我的一个客户特纳广播公司（Turner Broadcasting）在这几次龙卷风中遭受的损失。在接下来更深入的谈话中，他讲述了他在那家公司的工作经历，然后我们发现我们竟然有一些共同的朋友。到了这时，我们已经进入了实质性谈话。打破坚冰非常重要。一位技术人才招聘专家，汤姆·博尔芒说："我总是通过找出双方共同点来开始我们的对话……任何能让对方多谈论自己的话题都可以，因为那些正是你在社交中寻找的东西。话题也许是天气、体育运动、电影，或者他们的家乡。有意思的是，大部分人在这样的场合都很内向，因此我就承担起了打破坚冰的任务。"

3. 互相告知姓名

你知道97%的人都说他们记不住别人的名字吗？但是如果别人能叫出我们的名字，就会让我们感觉大不相同。请教别人的名字不再像以前那样简单了，如今名字的读音变得更加复杂，所以一定要问清楚他们的名字到底该怎么念，问他们喜欢让别人怎么称呼他们，他们有没有昵称。

对前面例子中提到的约翰来说，在参加客户招待活动时记住别人的名字，可能要比在大型活动上记住一大群生面孔的名字更容易一些。名字标签可能会有些帮助。成功的销售人士记别人的名字都很有一套。以下是我从他们身上学来的一些技巧：

反复念名字。就算不大声说出来，你也可以在心里重复默念。你真的可以通过重复念一个名字来告诉你的大脑，这个名字很重要，一定要记住。

将一个人的名字与另一个与他重名的人联系起来，并且在跟这个人交谈时将重名者的形象叠加在他的脸上。一位职业演说家吉姆·齐格勒说他用这种方法可以一次记住100多个人的名字。

将名字与一个真实物品联系起来。《纽约时报》（*New York Times*）健康专栏作家简·E·布罗迪（Jane E. Brody）写道："我总是把新认识的人的名字跟一个真实物品联系起来：柯比和黄瓜……拉夫和意大利饺子；雪莉和雪莉酒。最近我的研讨课上有个男学生叫拉居。我一整个星期都记得他的名字。你猜猜是因为什么？意大利肉酱的名字跟他的名字完全一样！（译者注：这几个名字的英文与食物的英文意思相近）"

教别人念自己的名字就为别人提供了一个记住你名字的机会。使用阿甘原则。（记得吧，在电影里，他说："福尔斯特，福尔斯特·甘。"）林恩·瓦西姆（Lynn Waymon）和安·巴贝尔（Anne Baber）在《人脉制胜法宝》（*Making Contacts Count*）中引用了雪莉·亨特（Sherry Hunter）向别人介绍自己名字的原话："雪莉·亨特。雪莉跟雪莉酒的名字一样。你能记住亨特（译者注：这个名字的英文有猎人的意思）的，因为我会像猎人一样捕获电脑的问题，把它们全部解决掉。"

其他有助于记忆的方法包括记住与名字押韵的词,或者谐音的词。我有时候会强调我的名字的拼写和发音,因为很难记住。我会这么说:"我姓康维勒,字母K打头。"然后我会一个字母一个字母地把我的名字拼出来,并且告诉他们我的名字怎么读。一位朋友告诉我,我应该说我的名字跟"罗特韦尔(译者注:一种猎犬的名字)"谐音。一般来说,名字应该避免使别人产生负面的联想,所以我真不知道这个朋友这么说的言外之意是什么!

4. 回答"你是做什么的"这个问题

不可避免地,你总是要回答这个问题:"你是做什么的?"尤其是那些不认识你的人更会问这个问题。不要再想着精心准备一个电梯演讲了,保持真实,人们想听到的是他们能听懂的最简单的介绍。

使用三段式公式:(1)"我是"(你的职位或职业);(2)"做"(你在工作中做什么);(3)"举个例子"。最后一部分是最重要的一部分,通过讲你的成就或者一个故事来让听众真正体会到你是做什么的。前面例子中提到的约翰如果能准备好这个问题的回答,就能在客户招待活动上做出很好的展示。以下是对话示范:

托尼娅(一家客户公司的销售代表):"对了约翰,你是做什么的?"

约翰:我是一名客户主管,托尼娅。我的工作是了解你们公司的需求,并把你们提出的变更要求转达给我们的支持团队。例如,你们在波兰的公司生产任务增加了,我就要和车间经理一起合作,及时给团队进行培训。

这样他们就不会耽误进度，并且还可能超额完成生产目标。你之前使用过我们的软件产品吗？

约翰的回答中有些额外的东西值得注意。尤其是他在回答时叫出了托尼娅的名字，这一点很有好处，因为最有可能问这个问题的是刚和你认识的人。另外，他准备的回答还将对话引到了与他的目的相关的一个问题。

推动：主动让自己成为焦点

当你的工作职责包括赢得新客户和巩固现有客户时，有很多方法可以帮你离开自己的舒适区域。

对约翰来说，推动可能意味着主动承担他平时不曾承担的职责。主动提出帮忙组织高尔夫循环赛，或者协助筹备招待活动，都会让他站在更显眼的位置，并且迫使他跟不同的人互动。通过这种方式可以自然而然地建立起一些联系。因为在社交关系中更重要的是谁认识你，而不是你认识谁，因此你得到关注的机会也会增加。以下是适用于内向者的6种实用推动技巧，可以帮助你建立并管理与客户和消费者的关系，不论是在组织内部还是在更广阔的世界里。

建立关系的推动技巧

1.有必要再次提及内向型领导者们经常告诉我的话，他们会角色扮演。不论那个想象的角色是詹姆士·邦德还是宴会男/女主人，甚至是想象自己穿了戏服,假装自己是另一个人都能减轻紧张和焦虑。当你开始表演时,大脑就会开始相信你真的很有信心!所以要演出"真的"很自信的样子。

2.在杂货店排队或者出门办事时跟周围人聊一聊。你永远也不会知道这种谈话会带来什么,尤其是当你在心中牢记你能提供给别人什么和你需要别人提供给你什么时,就可以将这些互动引向实质性的交流上。

3.当你因为其他事情要到客户所在地区时,预约拜访或者给客户打电话。他们会感激你对他们的注意,而且你会了解到他们的更多需求,同时节约交通费用。

4.在与多人共同进餐时,利用这个机会开启被萨姆·霍恩称为"餐桌话题"的谈话。告诉在座的人,你先来,接下来每个人都有2分钟时间简要介绍他们现在正在忙什么,或者他们对这个计划的话题有什么想法等。你将会结识新的朋友,并且会让大家觉得你很积极主动。

5.与轻松自在的社交高手保持紧密联系。一位从事医药销售的内向者告诉我,在现实生活中,她会跟社交高手待在一起,通过他们来结交更多人。

6.担任在专业、商业或社团性质的组织的志愿者。不要只当个"持卡会员",因为在那里你会遇到很多与你志趣相投的人,并且可以展示你的优势和才能。

练习:不露痕迹地提升自己的社交技能

在你通过展示和推动来提升自己的社交技能时（参见图9-1），加强以下领域的练习：（1）先在安全的环境中练习；（2）及时更新你的网络状态。

1. 先在安全的环境中练习

抵押贷款部门主管劳拉·舍曼用来训练内向者成为销售人才的方法很有意思：

我负责招聘和培训新人，我所在的行业要求我们不断地与客户打交道。这对内向者来说是个很大的挑战，因此我发明了一种训练。我让他们练习随便开始一段对话，比如说关于一件衣服，问别人这样的问题："我真的很喜欢你的这件衬衫。你在哪儿买的？"然后让他们表现出对别人的回答真的很感兴趣，专注地聆听，并且在别人的回答的基础上再提个问题。（例如，别人回答："罗斯专卖店。""哦，是吗，我也喜欢去那儿买衣服。上周打折你去了吗？"）

内向者需要更加努力，而且他们经常在第一步就要练好几个小时，不过这个真的很有帮助。他们通常会发现，当你把注意力放在与别人对话，并且帮助他们时，其实并不可怕！

在安全舒适的氛围中练习这些技巧会带来成果。你可能不从事销售工作，但是你同样可以在这个过程中从小事做起，获得自信。

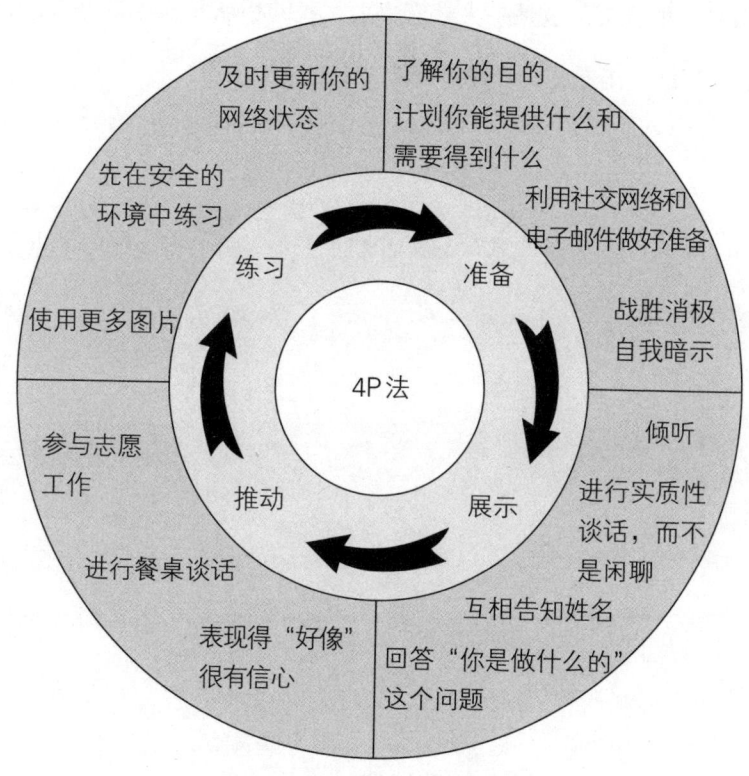

图9-1 建立联系的练习

2. 及时更新你的网络状态

管理你的个人信息和联系人。内向者们说他们更喜欢用这种方式来促进与别人的联系,因为它并不需要太多的当面接触,否则他们会感到筋疲力尽。很多内向型领导者推荐用博客来让人们了解你的名字和专业素养。写文章和写博客可以帮你在行业和领域里定位。你在网上更多地展示自己,会有更多行业内外的人知道你的名字。一位IT经理贾森·斯莱特在领英上给我发了私信(正确方式!)。他写道:"我发现写博客是一个很有用的表现机会,也是扩大社交、表达我的想法和兴趣的好方法,因为比起'当面'沟通,我好像更擅长'用文字'交流。"

10

提升内向者的竞争力，只需4步
Wins from Using the 4 P's Process

4P法，让你赢得个人成功

准备：哪怕是一点点准备，都可以缓解紧张情绪

拉杰盯着面前的电话。他知道他得拿起话筒。现在他所在的咨询公司给每位理财顾问下达了销售指标，必须得打这个电话。他决定给以前的客户米歇尔打电话，问候一下，同时了解她目前的商务需求。在按下电话号码的同时，他回顾了事先准备的问题以及他希望从这场谈话得到的结果：预约见面。拉杰闭上眼睛，用2分钟时间想象了在一场成功的电话交谈中，他们平静专注地进行交流的画面。电话打通时，他深吸气然后站了起来（他在一次销售培训中学到的方法，这样可以让声音听起来更加悦耳）。米歇尔接起了电话。10分钟的交流之后，拉杰总结了她描述的问题，然后两人定好了下周的见面时间。拉杰感到精力充沛，对与米歇尔及其公司的未来合作机会非常乐观，下午，他甚至在座位上吹起了口哨。

你是否像拉杰一样，发现哪怕是一点点的准备都能增强你的信心，减少焦虑？当然，我们都会拖延那些不符合我们本性的任务，但是拉杰推动他自己去实践了。通过思考你的目的，你的对话会更有成果。拉杰还参加了一个销售培训课程，这帮助他提高了展示能力。哪怕是一点点的准备工作都可以让他克服打电话时的紧张问题，专注地跟米歇尔交流。他并不担心接下来要说什么，只是倾听她说的话，参与这场富有成效的谈话，得到了他想要的结果：预约见面。关键是准备！内向的高管希德·米尔斯坦说，通过准备问题，你比那些未做准备的人了解得更多，而且你还能给对方留下正面的印象。

接下来我们看看具有展示能力的一些额外收获。

展示：关注当下，给人留下正面印象

关注当下能够帮你缓解紧张情绪，消除认知差异。如果第1章提到的超负荷工作的马迪能够花几分钟时间理清思路，甚至是花一天时间来保持大脑清醒，她可能就会更清楚她的疲惫程度。这可能还会帮她更加清晰理性地看清自己的现状，并采取后续行动。

练习瑜伽和其他东方运动方式有一个好处，就是你会开始关注自己的身体。你现在没精打采吗？你还记得呼吸吗？察觉自己的紧张可以帮助你放松和关注当下。当你放松时，身体的紧张症状会消失，这会给你带来莫大的好处，让你可以头脑清醒、全神贯注地应对工作和其他人。

你如何约束和管理自己也会影响到别人对你的印象。我记得我读研究生时有一位教授非常有学问，但是提到他，我就会想到歌手乔·库克（Joe Cocker），身体松松垮垮，胳膊和腿不断挥动。我所记得的就是他对自己

身体的那种奇异的不安的感觉，而不是他试图传授给我们的信息。

当把关注当下的姿态展现给对方时，对方会觉得你是个很好的倾听者，并且乐意与你分享宝贵的信息。在劳丽·尼克尔斯刚上任的90天里，她见了每一位直接下属。她真的很想了解员工的需求和挑战。这对内向的人来说很费力，但是她做到了。后来她评论说："也许内向者必须更加努力，因为所有这些一对一的交流都需要付出大量的精力。我的意思是说，要想找到让你感觉更舒服自在的方式，来投入时间和精力去建立这些联系，那需要更多的付出。不要觉得自己是被迫这么做，应该认识到，真正的价值在于完成所有这一切，你就会收获到外向者无法得到的那种更深层的信任，这样做起来会更轻松一些。"劳丽推了自己一把，然后得到的回报是更深层的信任。这正是所有领导者梦寐以求的。

提高展示能力，你也会创建一个强大的人脉关系网，让你可以通过其他人来取得成就。我所在公司的首席运营官（具有高超的聆听技能）曾经凭借她以前建立的信任，成功完成了一个震撼整个公司的变革项目。也为她赢得了巨大的声望，大家都希望进入她的团队。

推动：迈出第一步，你就成功了90%

推动的回报是什么？推着你自己走出黑暗角落的一个重要好处，就是让你能够受到更多人的注意。克劳乔·马克斯说，只要你出现在现场，就已经成功了90%。通过推动自己更多地参与工作，你会获得更多个人能力和影响力。它还会对你的职业发展有帮助，因为你成了人们在需要一个特别人才时会想到的人。销售人员把这个称为"第一备选"。你会成为"专业人士"。

做好准备工作能够帮助你把自己推往新的方向。不一定每次都需要一个完备的计划才能取得成果，只要一些准备工作就能起到帮助作用。接下来的例子将会诠释一句古老的谚语："机会总是留给有准备的人。"在马丁·施米德勒负责筹备的社交活动中，他决定在鸡尾酒会上主动跟别人聊天。机缘巧合，跟他聊天的一个人刚好来自他希望能够更深入了解的公司。他之前已经详细了解了这家公司，并且让这位客人把他引荐给公司的首席执行官。马丁事先了解到这位首席执行官非常关注社区服务。活动之后，马丁再次联系这位首席执行官，很容易就得到了会面的机会。他对这个结果感到很自豪，并且确信，如果他没有推自己一把的话，这个结果永远也不会发生。

几年前，我采访过希瑟·舒尔茨（Heather Schulz），她是一名管理咨询师，并且与奇普·贝尔（Chip Bell）合著了《舞蹈课程：六步打造商业与人生的完美伙伴关系》（Dance Lessons: Six Steps to Great Partnerships in Business and Life）一书。她解释了自我推动的另外一个好处。她说，在寻找导师时，你应该寻找你想学习的领域内的顶尖人物。希瑟说，我们中的很多人在咨询时都很犹豫，不敢冒险。她自己也正是这么做的。当希瑟打算将管理咨询作为职业发展方向时，就联系了这个领域的世界级权威人物汤姆·彼得斯（Tom Peters）。几年后，希瑟成了汤姆公司的首席执行官和董事长！

练习：内向者只有不断练习，才能适应这个社会

练习这一步能够处理内向型领导者面对的所有挑战：**压力；你眼中的自己远逊于别人眼中的你；不懂经营"关系"，职业发展将受阻；成**

为职场隐形人。有些内向者给我讲过他们童年时期因为缺乏社交积极性而经历的痛苦遭遇。有一位在小学一年级时差点被留级,因为她从不开口说话,老师们以为她很"迟钝"。还有一个内向者告诉我:"如果你能平安地熬过青春期,那么你就没什么好怕的了。"另外一位学会依靠约女孩子来克服他的社交恐惧。内向者从小就要不断练习来适应这个外向者占主导的社会。当他们长大成人之后,工作场合也是一样的场景。

跟我谈话的每位内向者都提到了练习的价值。当别人要求他给出答复时,马丁·施米德勒需要破除别人认为他思维缓慢的想法。马丁说一切都在于他怎么"组织语言"。他希望别人对他的印象是考虑周到、深思熟虑,而不是拖延迟缓或者优柔寡断。他通过下面的话来消除双方的认知差异:"这些想法很不错。我需要时间来思考和消化一下,然后明天上午或者今天下午给你答复。"他给出了具体的答复时间,并且严格遵守承诺。他通过练习才学会了这样的处理方式。

我最喜欢的一位很有趣的时尚专家是蒂姆·冈恩(Tim Gunn)。他出演了收视率很高的真人秀节目《天桥骄子》(*Project Runway*),同时担任丽诗卡邦公司(Liz Claiborne Inc.)的创意总监。在该节目每周进行的设计比赛中,他会用一句非常简单的指导语来鼓励设计师们:"加油干。"这句话清晰地表达了适度的激励和实践的哲学。他这句话的意思是你知道你能做到的,但是达到这一点还需要付出努力。在一次采访中,冈恩先生谈到了聊天的艺术。他说刚开始在帕森设计学院任教时,他非常胆怯,必须靠着墙才能站稳。他还说,他是通过成为一名优秀的演员和坚持不断地练习,才战胜了内心的恐惧。他建议他的学生也照着他的方法去做。

现在他不费吹灰之力就可以表现得淡定自如。

练习可以采取各种非常有趣的形式。保罗·奥特说每当要上台演讲时，"我经常会穿上一套得体的西装，并且把它想象成一套盔甲，或者像美国前总统罗纳德·里根一样穿着一套覆有特氟龙涂层的西装，不管听众扔什么样的鸡蛋和西红柿，我都毫发无损。我猜这是另外一种应对机制。"练习才能形成习惯，一旦你已经掌握了一项技能，接下来就可以练习其他领域的技能了。练习和成长是一个持续不断的过程。

作为一个内向型领导者，一旦你能跨越第4章到第9章概括的那些障碍，你将会迎来职业发展的机遇，创造存在感，并且获得极强的自信心。

本章至此探讨了实践4P法能够为个人带来的多种好处。除此之外，它还有其他好处。当你采用4P法时，受益的并非你一个人。当你将你的精神、才智和潜力与他人分享时，你所在的组织也会从中受益。让我们拓宽视野，看看当你积蓄起安静的力量之后，你的组织会得到哪些具体的收获。

4P法，让你的组织成功

准备：你的表现就是公司的绩效

内向型领导者通过提前为谈话做准备，事先调查相关人员的需求，就能与员工、客户和上层领导建立信任和承诺。通过制订人际互动的游戏计划，你可以取得更高层次的表现，能为组织带来更高的绩效。

几年前，我的一位客户有个助理叫罗莎娜，她参加了很多公费培训项目。我知道她们公司预算很紧张，因此就问她怎么才能得到这么多公费报销的培训机会。她解释说，她每次都会制作一个该培训项目的业务案例，列出详细结果，论述投资这些课程将会如何帮助她取得部门目标和个人目标。除了认真分析之外，她的准备工作还包括观察跟她的上司开口谈这件事的最佳时机。她还会提出与其他员工分享她的学习内容。准备工作是罗莎娜取得这些成果的关键。她一直被视作一位有价值的成员，并且最近几年已经得到几次升职机会。

之前社交活动案例中提到的马丁·施米德勒通过认真准备谈话内容，并且对他的目标公司及其首席执行官做了背景调查，再加上他对自己的推动，这些为他打开了成果丰富的交流大门，并且最终为他的公司赢得了一位新客户。这些都是拜4P法带来的好处所赐。

展示：拥有展示能力可以促进团队合作

具备展示能力的领导者能够更加有效地与员工建立联系，并且能更高效地完成任务。沃尔多·瓦尔德曼（Waldo Waldman）曾经是一位战斗机飞行员，现在是一位励志演说家，他相信领导者必须"走飞行路线"，并且与他们的"部队"一起搞清楚实际情况。他问道："你了解他们的困惑、不满和个人顾虑吗？你知道是什么妨碍了他们发挥自己的全部实力吗……了解了工作的细节和下属面对的挑战，你就能更加胸有成竹地应对招聘、辞退和人员调动等人力资源问题。"沃尔多认为你可以在企业的任何层级建立联系。拥有展示能力可以促进团队合作。很多现代顶尖的企业领导力发展项目强调通过团队合作来完成工作。通用电气公司的首席执行官杰夫·伊梅尔特（Jeff Immelt）介绍了这种学会与他人合作的变革的产生原因，在刊登在《财富》杂志上的一篇文章中，他这样说："在我成长的通用电气公司，我接受的大部分培训都是针对个人的。这会带来问题。"在参加完为期3周的培训项目，返回到工作场所之后，他发现只能用到培训内容的60%，因为他需要其他人比如他的上司、他的IT同事，来协助完成余下的部分。现在通用电气公司实行团队培训，以便做出商业决策。

关于展示能力的重要性有一个强有力的论证。贝夫·凯（Bev Kaye）和雪伦·乔丹·埃文斯（Sharon Jordan Evans）在合著的《管理之道：爱你的员工，不然就会失去他们》（Love'Em or Lose'Em）中，强调了影响人们是否留在一家公司的一个重要因素就是上司对他们的态度。在具有展示能力的领导者创建的氛围中，员工做出的贡献会得到认可和感谢。如果一个公司拥有多位具有展示能力的领导，就能吸引和留住员工。

推动：挖掘自己的潜能，就是提升公司的投资回报

推动自己发表看法的领导者为他们的组织提供了价值。当领导者们打破沉默，说出自己的想法时，公司的投入就得到了回报。杰·康格（Jay A. Conger）在《哈佛商业评论》上发表的具有里程碑意义的文章《说服的艺术》（The Art of Persuasion）将说服定义为学习和谈判，而不是劝说或兜售。作为一位内向型领导者，你可以逼着自己参与其中，培养出优秀的聆听能力和解决问题的能力。康格研究了团队领导者和高层领导者，发现他们能够建立可靠性、找出共同立场、提供证据，并且与听众进行情感上的联系。他列举了很多例子来证明艺术性的说服能够带来实际的商业成果。

去年我参加了一个面向企业领导者的讲故事的课程。学员基本上都是中层技术领导者,他们不满足于掌握幻灯片技能,希望能够再给他们的演讲加点儿料。

对多数参与者来说,讲故事并不是他们天生就有的能力,我推测大部分人都处于4P法的推动阶段。在学习了一些构建故事的技巧之后,他们被要求继续深入挖掘。大部分人的表现让他们自己都大吃一惊。每个人在讲话时对听众都有某种影响。我们不时会感动得落泪,或者大笑,当然我们对每个独特又普遍的故事都产生了共鸣。课程结束后,我看到了几位学员在工作中积极正面的成果,包括在高层领导者面前增加了存在感,以及同事对他们演讲风格的改善做出的正面评价。他们发现,逼着自己离开舒适区域能向周围的人传递出清晰的信息,当他们将这个信息付诸实践后,公司也从中受益。

练习:优秀公司的核心价值就是打造领导者

在无法避免的公司变动中,持续改进自己的人际交往能力的领导者能够帮他们的下属获得迅速复原的能力。当他们取得个人和事业的成就,成为典范时,他们还会获得他人的尊重。从宏观角度来说,随着越来越多的个体有意识地摆脱之前陷入的低效行为困境,并且利用各种方法来发挥他们内向性格中安静的力量,组织可以获得这些个体的才能。这会带来更大的成果。《财富》杂志关于领导者的专刊对此做了总结:

你的竞争对手可以抄袭你的所有优势，除了一点——这就是世界顶级公司意识到，不论处于什么领域，他们真正的事业在于打造领导者的原因。

世界顶级公司在领导力发展项目上的资金投入足以证明这种趋势风头正劲。这些项目得到了企业高层的支持，年轻一代在求职时也会寻求能够提供学习和实践领导技能机会的公司。这些项目包括课堂和网上课程，还包括指导和工作设计。在这些项目中，我们会听到诸如参与、激励等词语。这些领导技能之前被称为软技能，但是现在大部分公司都认识到了这些能力的极端重要性。

但是如果你不在这些注重培养领导者的著名的《财富》500强公司呢？我见证过的很多实例显示，规模小一些、资金没那么雄厚的组织也会给自己的员工提供大量指导和社区服务的机会。小一些的组织会给员工提供更多机会来推动和练习新的人际交往能力。你可以推动自己在首席执行官出差时负责主持一次会议。有客户来访，但是客户经理不在怎么办？没关系，你可以接待客户。如果你刚学到了一个软件系统的一些新功能，你可以主动提出在午餐时间为公司员工提供培训课程。如果拥有一批很快就能适应新角色要求的员工，企业将会受益良多。当你主动站出来进行实践时，你的公司的后备力量或人才储备也增加了。

使用4P法来增强你的人际交往能力会同时给个人和组织带来好处。现在，我们来看看过度追求改变会带来哪些影响。

过度追求改变的负面影响

荣格心理学有个概念叫作阴暗面，我们的这一面会在面对压力时出现。在你努力走出内向的自我，变得更加高效的过程中，很有可能你会求变心切，超出合适的程度。过度使用4P法的任一步骤都会出现反弹，带来负面结果。例如，我们很有可能准备过度。你可能还记得在学校时，因为对考试资料记忆不深而努力复习的事。难道你没发现你越是学，脑子里的知识就越混沌吗？为会议、谈话或社交活动做准备也是一样的。过度准备会导致功过相抵、没有回报，你会感到焦虑，并且开始怀疑自己。

展示也可能过度。就像我们之前说过的，内向者假装擅长交际的情况很常见。实际上，很多演员和谐星都承认自己是个内向者。深夜访谈节目大师强尼·卡森（Johnny Carson）就不擅长社交，还会回避与人交往。假装自己是个自信的明星，或者宴会女主人，可以帮你改变心中焦虑的情绪。通过想象，你会"像是真的一样"表现得更加外向。然而，角色扮演也会产生事与愿违的后果，如果你演得太卖力，别人可能会觉得你太"过"。接二连三地提问，谈话内容全都是围绕自己的，笑得太频繁或者笑得太大声，这些都会让你和你试图建立联系的人疲惫不堪。

你会过度推动自己吗？我曾经负责过针对科技行业经理的为期三天的人际交往培训课程。这三天的日程安排得满满当当，包括大量的技能练习、角色扮演和人际交往问题的解决方案。很多参与者都要唤醒大脑中不常使用的部分。不出所料，课程进行到一半时，我看到学员们露出了像被车灯正面照到的鹿一样迷茫的表情。接下来，我就不断调节讨论气氛，放慢进度，并且把课程调整成适合他们的内容。例如，让他们通过谈论一个软件问题来练习主动聆听技能。过度逼迫自己离开舒适区域会导致对自己薄弱领域的过度强调，这样就更难学会新技能了。

前面提到的沃尔多·瓦尔德曼引用了一个例子：他在飞行队服役时，队员用"推上去"来表示准备好随时接受命令起飞。他希望人们能时刻准备着做出最佳表现。不过我相信有些时候，"推下去"可能更合适。持续不断地努力尝试可能会带来疲倦和挫败感。你会开始想，你永远也不可能掌握这种"人际交往技能"，如果这么想的话，你很有可能会放弃。

我们已经说过，练习是成功适应外向者占主导的世界的关键。但是你也可能因为过度练习而被别人认为不够可靠。我曾经在一所大学工作过，大家都觉得教务长是个很难接近的人。他很少走出办公室，就算出来，他也只和相熟的小圈子说话。每年他会在家里举办一次节日聚会，我们毫无疑问都会被要求参加。每次聚会，他都会用僵硬的笑脸来迎接我们。问题是，这种微笑整个晚上都不消退，就连你跟他说非常严肃的事情时，他也保持着这种微笑。大家都觉得他不够真诚和可靠。我估计不管教务长练习多少次表达友好的表情都无济于事。如果他在节日聚会上少练习这种表情，而是在平时多练习一下其他非言语表现能力，可能效果会好一些。对这位微笑的教务长和其他有类似问题的人有帮助的建议已经在第5章管理和领导中详细列出了。

德勤会计师事务所首席执行官詹姆斯·科普兰（James Copeland）承认

自己在社交场合中没有安全感。他说他只是咬紧牙关，尽全力坚持下去。他应对这个弱点的方法是积极投身于联合慈善总会等事业，协助解决问题。很有可能连练习也无法改变这种不适感，因此他明智地将精力放在了自己能够发光的地方。

11

下一步走向成功
What's Next? Moving Toward Success

这是一位首席信息官的退休欢送会。大家为这位广受爱戴、为公司服务20多年的老前辈筹备了一个简单的红酒奶酪欢送会，还有致辞和赠送礼物仪式。一位初级网络管理员扎克微笑着来到聚会现场。他很高兴能有机会对这位曾经指导过他的人表示敬意。他叫出每位遇到的人的名字并跟他们打招呼，最终来到首席信息官身边，见了他的家人，并向他表示祝贺。然后扎克去自助餐区域排队取餐，还在房间里四处走动，介绍不同的人相互认识。一个小时后，他感到很满足，因为他对他尊敬的老人表示了敬意，跟熟人再次取得联系，还认识了一些新朋友。当他准备离开时，部门副总裁把扎克拉到一边。他鼓励扎克申请比他现在职位高出好几个级别的新职位。

　　目睹这一系列活动的人很难猜到扎克其实很内向。实际上，就在欢送会开始前不久，扎克一想到要去参加这个商务聚会就紧张得大口喘气。幸运的是，他在这个场景中采用了4P法，并且大获全胜。他都采取了什么行动？

准备

当他看到日历上标出的欢送会日期后,扎克就像对待其他工作任务一样为此做了准备。除了他的导师,扎克思考了其他可能会到场的人员,并且给自己定下了目标:与在场的五个人聊天,至少介绍在场的三个人互相认识。

展示

扎克意识到了他的身体语言和非言语行为对形成别人对他的看法非常重要。他调整呼吸,放松双肩,并且绽放真诚的微笑。当人们与他交谈时,他注视着他们的眼睛。当谈话结束时,他很有礼貌地告别离开。

推动

扎克负责的一个大项目快到截止日期了。他本可以选择坚守工作岗位,专注于优先级较高的任务。但是他也明白,他必须从舒适熟悉的领域迈出去。虽然社交活动的结果不会像可交付成果和项目里程碑那么真实明确,但是这种投资会带来更多的存在感和认可作为回报。在他的例子中,他得到了一份潜在的工作机会,因为他受到了同样出席欢送会的副总裁的注意。

练习

扎克练习了他在欢送会可能会被问到的问题的回答,还写下了一些可以用到的谈话开场白。他在其他社交场合跟朋友和同事练习了这些对话。这样当真正的欢送会到来时,他就能更轻松地应对。

打造你的4P行动计划

那么你应该怎么获得自己的成功呢?设定你需要负责的具体目标,会让你的领导能力提升到新的水平。

1. 找到你在第3章中贴的便利贴。在内向型领导能力测试中,你找到了一些有待改进的领域。花点时间在表11-1的左侧第一栏填写2到3项你认为需要改进的领域。

2. 翻到第3至9章的相应部分,这里列出了需要改进的领域。在表中第二栏"行动"下面,写出2到3项你要具体实施的行动。

3. 在图中第三栏"成功标准"填写你将如何检验目标是否完成。

4. 接下来,填写你的支持来源。这包括在你的身边能够支持你的人。

5. 最后,写上完成日期。这会为你提供一个明确的努力目标。

请参考下表中给出的计划范例。

表11-1 计划范例

待改进领域	行动	成功标准	支持来源	截止日期
管理	将阿尔法计划报告分配给约翰。	约翰完成一份高质量的报告。	我的上司拉希德，我的教练奥古斯塔。	我今天开始指导约翰，并于周五（5月30日）前完成工作的交接。
0				
1				
2				
3				
4				
5				

接下来的步骤

如果你相信这个目标，它就一定能够实现。写下目标会加强你的决心。它相当于："我要对这个改变负责。"可以把你的4P计划贴在一个容易看到的地方。也在同时再制作一张表格或示意图。

访问网址 www.theintrovertedleader.com 能够获得更多的工具和想法。还可以在网站的博客讨论区分享你在实践中取得的进展和面对的挑战。

希望你能从本书中获取一些可以采纳的新视角和实用工具。在积蓄安静的力量并且胜任领导者职位的同时，你并不需要改变你的性格。这意味着你会获得更多的自信和勇气来走出阴暗的角落。你自己和你周围的很多人都会感谢你做出了这个改变。

致　谢

闭门造车是写不出书的。我只是忠实记录了这些年来与我合作过的上千名内向型领导者的故事和智慧。特别感谢那些愿意接受我的采访并分享经验的人们。虽然无法一一列出你们的名字，但是请相信正是因为有了你们，本书才会诞生。

我非常幸运，能够拥有一个家人亲密无间的家庭。感谢我的丈夫、我最好的朋友比尔·康维勒35年来的陪伴，他完全有资格获得发给作家伴侣的诺贝尔奖。当我沉浸在如同过山车一样的本书的创作过程中时，是你的爱支持我走到了最后。你牺牲了无数个周末，为我烹制美味的饭菜，而且你还是带我走出僵局的理性之声。

在她们正处于恼人的青春期时，如果有人告诉我，我的两个女儿林赛和杰西在二十多岁时会成为我亲密的朋友和最棒的啦啦队员，我一定不会相信的。我对你们的爱永无止境，我从你们对这个世界的贡献中获得了力量和欢乐。

还要特别感谢我的父母露西尔·博雷茨和阿尔文·博雷茨，你们对我取得的每一个或大或小的成就都无比自豪，是你们让我知道工作可以带来乐趣，告诉我创造力和自制力是一对制胜的组合。"现在阿尔文要开始工作了！"过去两年来，我经常对自己重复这句口号。你们还教会我，只要问对了问题，所有人都有精彩的故事可说。感谢我的公公婆婆露丝·康维勒和路易斯·康维勒，你们待我就像亲生女儿一样，并且为你们的社区做出了真正的贡献。还要感谢冷静明智、忠诚的姑姑阿琳·加森，我的妹妹卡丽·博雷茨，我的妯娌南希·兰德尔和凯西·康维勒，还有我的准女婿亚当·戈德堡。

还要感谢我的朋友们和同事们对我的多重支持和帮助。感谢黛比·酒川和她的团队：帕蒂·达诺斯、琳达·鲁滨逊、萨姆·霍恩、玛丽莲·莫布利、C.J.德格拉、马蒂·默瑟、埃米·克鲁普斯基、鲍比·温斯、露丝·克兰罗克、简·温伯格、芭芭拉·勒博、安杰拉·沃德、斯科特·马斯特里、特里西娅·莫洛伊、杰姬·舍曼、劳拉·雷恩斯、比尔·特雷耶、约翰·凯德，以及贝瑞特－科勒出版社所有成员。还要感谢我美妙的周六早安团体、周四读书俱乐部、领导和执行圈（LEXCI）和国家演讲协会乔治亚分会（NSA-GA）。

能得到贝瑞特－科勒出版社的青睐，我感到无比荣幸。我尤其要感谢贝瑞特－科勒出版社社长史蒂夫·皮埃尔桑蒂，很荣幸能与你合作出版本书。你是当之无愧的行业领导者，你在专业领域和个人方面的真知灼见都无比珍贵。因为有你，我才能成为一个更好的思考者和写作者。

感谢执行主编吉万·西瓦苏布拉马尼亚姆随时提供的支持，尤其是你的幽默感。还要感谢杰里米·沙利文、大卫·马歇尔、玛利亚·杰西·阿吉洛、凯瑟琳·勒格隆、克里斯廷·弗朗茨、黛安娜·普拉特纳、邦尼·考夫曼、麦克·克劳利、凯蒂·希恩，以及所有为本书的出版贡献力量的出版社其他工作人员。你们身体力行地实践了"合作"这个词的含义。

最后，感谢我的音乐播放列表中所有作曲家和音乐家，你们给我带来了灵感。

奥尔曼兄弟乐队、彼得·怀特、瑞克·布朗、理查德·史托兹曼、钢琴家艾曼纽·艾克斯和卡洛斯·纳卡利，你们帮我引导内心的内向情绪勇敢应对挑战，完成了本书的写作。

出版后记

毋庸讳言，外向者主导着这个世界。每一个初入社会的年轻人，都会被语重心长地叮嘱：你要去争取，你要大胆发言，你要学会交际……

不可否认，在现代商业社会，外向者的性格更吃香。诚然，内向者自有"内秀"的一面，比如，善于思考、长于计划，但其性格的缺点已然成为其职业发展的瓶颈。书中提到，内向者常因正常的人际交往而疲惫不堪；因抗拒公开发言，而被视为"高傲，不合群"；因不敢说"不"，而被贴上"懦弱"的标签，事后只能生闷气。

但是，内向者并非没有逆袭的机会。有权威统计，全世界高达四成的领导者与企业高管是内向型的人，其中包括巴菲特、比尔·盖茨等商业精英，甚至连美国总统奥巴马都有可能是内向者。他们是如何成功的？

本书详细讲述了将内向者的特质转变为"静争力"的"4P"法：

准备（Preparation）、展示（Presence）、推动（Push）、练习（Practice）。并在这个总的方法论指导下，具体落实到职场上的各个问题情境中进行分析，包括公开演讲、领导下属、项目管理、管理上司、把握会议议程、建立人脉等。

这是一本内向者逆袭职场的指导手册，时常体悟和练习作者提供的方法，便可适应外向者的世界，发挥内向者的优势，打破职场发展瓶颈。在这里，祝愿每一位内向者职场发展顺利。

服务热线：133-6631-2326　188-1142-1266

读者信箱：reader@hinabook.com

后浪出版公司

2016年12月

图书在版编目（CIP）数据

内向者沟通圣经 /（美）珍妮弗·康维勒著；魏瑞莉译 . — 北京：北京联合出版公司，2017.3（2018.5重印）
ISBN 978-7-5502-9050-1

Ⅰ. ①内… Ⅱ. ①珍… ②魏… Ⅲ. ①心理交往—通俗读物 Ⅳ. ①C912.1-49

中国版本图书馆CIP数据核字(2016)第262477号

Copyright © 2013 by Jennifer Kahnweiler
Copyright licensed by Berrett-Koehler Publishers
arranged with Andrew Nurnberg Associates International Limited.
本书中文简体版权归属于银杏树下（北京）图书有限责任公司

内向者沟通圣经

著　　者：[美] 珍妮弗·康维勒
译　　者：魏瑞莉
选题策划：后浪出版公司
出版统筹：吴兴元
责任编辑：孙志文
特约编辑：高龙柱
营销推广：ONEBOOK
装帧制造：墨白空间·韩凝

北京联合出版公司出版
（北京市西城区德外大街83号楼9层　100088）
北京京都六环印刷厂印刷　新华书店经销
字数100千字　690毫米×960毫米　1/16　12印张　插页4
2017年3月第1版　2018年5月第4次印刷
ISBN 978-7-5502-9050-1
定价：42.00元

后浪出版咨询(北京)有限责任公司 常年法律顾问：北京大成律师事务所　周天晖 copyright@hinabook.com
未经许可，不得以任何方式复制或抄袭本书部分或全部内容
版权所有，侵权必究
本书若有质量问题，请与本公司图书销售中心联系调换。电话：010-64010019